技术教学导论

基于教育哲学的视角

［荷］马克·德·弗里斯 著　　顾建军 等 译　　（第二版）

An Introduction to

the Philosophy of Technology

for Non-philosophers

Second Edition

Teaching about Technology

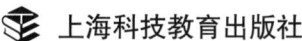
上海科技教育出版社

译者的话

当今时代,技术以前所未有的深度和广度融入人们生活的方方面面,从日常使用的智能设备,到改变社会运行模式的大型基础设施,技术对生活的影响无处不在。于是,人们开始认识到技术教育的重要性,以期通过教育培育具备技术素养(理解技术本质、掌握技术技能、具备技术与工程思维、形成日常技术管理能力)的公民,应对未来的技术世界。如何理解并开展有效的技术教学,也逐步成为技术教育中的重要课题。

基于此,我们决定引进《技术教学导论——基于教育哲学的视角(第二版)》,为当下的技术教学同仁们提供深入探讨该话题的引子。

本书的一大亮点是将教学与技术哲学紧密结合,从哲学的多个维度(如本体论、认识论、方法论)深入剖析技术的本质、技术知识的特性、技术过程的结构,以及技术与人类的复杂关系。这种跨学科的研究视角,不仅为技术教学提供了坚实的理论基础,还拓宽了我们对技术教学理解的边界,让我们明确技术教学绝非仅仅是技能的传授,更是对学生思维方式、价值观以及对世界认知的全方位培养,为技术教育提供了关键的理论支撑和方向指引。

技术是人类赖以生存的基础,是人类创造人工世界的基本手段,也是人类财富的积累方式。回顾技术教育发展历程,其地位和方式不断演变。早期,技术教育侧重于实用技能的培训,以满足工业生产的基本需求。随着时代的进步,单纯的技能培养已无法适应社会发展的多元需求，技术教育所蕴含的创新设计、图样表达、工程思维、物化能力等要素呈现出独特的教育价值。在当今全球化和科技飞速发展的时代，技术教育面临着诸多新的机遇与挑战。一方面，新兴技术如人工智能、大数据、生物技术等不断涌现，为技术教育提供了丰富的教学内容和创新的教学手段；另一方面，技术发展带来的伦理、社会问题，如隐私保护、技术垄断、环境破坏，也对技术教育提出了新的要求。同时，在过去几十年间，技术哲学研究逐渐从边缘走向中心，吸引了众多学者共同探讨技术的本质，思考技术与自然、人类、社会之间的内在联系，试图揭示技术在不同语境下的存在方式和特征。例如，研究技术在推动社会变革中的作用，以及技术发展对人类生存环境的影响等问题。技术哲学研究还聚焦技术知识的形成、传播和应用机制，分析技术知识与科学知识的异同，探索如何更有效地获取和运用技术知识。

当技术教学面临的挑战与技术哲学研究碰撞出火花，你一定能从本书中感受到作者马克·德·弗里斯对技术教育的深刻洞察与独特见解。一方面，在全书架构上，作者从技术哲学视角阐述了技术人工物、技术知识、技术过程、技术与人类的关系、技术伦理与技术美学，引导读者全面了解技术本质问题；同时，在每一部分内容之后都给出了与该部分内容相关的极具价值的教与学建议，引导读者思考如何在技术教学中培养学生的社会责任感和正确的价值观，使他们在未来能够理性运用技术为人类创造福祉。另一方面，在表现方式上，作者通过分析大量历史和现实案例，清晰展现出技术教育应如何与时俱进。例如，在探讨技术设计过程时，从最初对设计流程的简单规定，到后来对设计复杂性的深刻认识，以及对设计中各种因素相互作用的深入研究，这一系列的发展过程启示我们，技术教学需要不断革新，以培养学生的创新能力、批判性思维和综合素养。

本书的翻译是一次充满挑战与收获的旅程。书中涉及众多专业术语和复杂的哲学概念，为了准确传达作者的原意，翻译团队和出版团队查阅了大量的专业资料，力求在中文语境中找到最恰当的表达方式。在这个过程中，大家不仅提升了自己的专业素养，更深刻体会到不同文化背景下教育理念的差异与共通之处。希望通过大家的努力,能让读者们尽可能领略到原版书的精髓。

衷心期望本书的出版能够为国内的技术教育工作者、研究者,以及对技术教育感兴趣的人士提供有益参考。愿大家能从书中汲取灵感,在对技术世界的全面了解下,在技术教学的实践中不断探索创新,为培养适应时代发展需求的创新型人才贡献力量,推动我国技术教育事业迈向新的高度。

译者

2025年2月

目 录
CONTENTS

序言 ·· i

第1章　技术哲学：是什么和为什么？ ················ 1
1.1　什么是哲学？ ·· 1
1.2　什么是技术哲学？ ·· 5
1.3　技术教育工作者为什么想要了解技术哲学？ ··· 7

第2章　技术人工物 ·· 11
2.1　自然物体、仪器、工具和人工物 ····················· 11
2.2　人工物、功能和物理属性 ······························· 12
2.3　技术人工物作为系统 ······································· 21
2.4　技术人工物的教与学 ······································· 23

第3章　技术知识 ·· 24
3.1　什么是知识？ ·· 24
3.2　技术知识 ·· 26
3.3　工程科学 ·· 32
3.4　技术知识的转化与整合 ··································· 38
3.5　技术知识的教学 ··· 39

第4章　技术过程 ·· 41
4.1　设计过程 ·· 41
4.2　制造过程 ·· 50
4.3　使用和评估过程 ··· 51
4.4　技术过程的教与学 ·· 54

第5章 技术与人的本质 ... 55
5.1 技术与人类的需求和愿望 ... 55
5.2 技术——人体自然器官的延伸 ... 56
5.3 人工物作为人们与其生活世界之间的中介 ... 57
5.4 人工智能与互联网 ... 60
5.5 人类控制技术还是技术控制人类 ... 62
5.6 技术人工物的社会和政治维度 ... 64
5.7 后现代技术 ... 66
5.8 迈向新的生活方式 ... 67
5.9 哲学历史的持续影响 ... 69
5.10 技术作为人类一部分的教与学 ... 70

第6章 技术伦理学与技术美学 ... 72
6.1 技术中的道德问题示例 ... 72
6.2 分析道德困境 ... 75
6.3 处理道德议题的不同方法 ... 78
  6.3.1 基于美德的方法 ... 78
  6.3.2 基于结果的方法 ... 79
  6.3.3 基于规则(职责)的方法 ... 80
  6.3.4 像解决设计问题一样解决伦理难题 ... 81
6.4 道德困境中的两个具体议题 ... 82
  6.4.1 处理风险 ... 82
  6.4.2 集体责任 ... 83
6.5 技术美学 ... 84
6.6 有关技术伦理学与技术美学的教学 ... 86

第7章 学习者的技术哲学 ·· 88
7.1 学生的技术概念 ·· 88
7.2 学生的技术态度 ·· 90
7.3 公众对技术的看法 ·· 91

第8章 借助教育重塑技术概念 ·· 93
8.1 课程内容 ··· 93
8.2 STEM教育 ·· 96
8.3 历史案例研究的应用 ··· 97
8.3.1 叙事的应用:与语言教学的联系 ································ 99
8.4 当代案例研究的应用 ·· 100

第9章 学习技术概念 ··· 103
9.1 直观的技术概念 ··· 103
9.2 技术的基础概念 ··· 106
9.3 概念学习的难点 ··· 110
9.4 语境—概念法 ·· 110

第10章 技术教学中的实践问题 ··· 112
10.1 不同教育阶段之间的差异 ·· 112
10.2 媒体的应用 ·· 114
10.3 教育研究的支持 ·· 117

第11章 问题和任务 ··· 119
11.1 第1章 ··· 119
11.1.1 问题 ··· 119

11.1.2 任务 …………………………………………………………… 119
11.2 第2章 …………………………………………………………… 120
　11.2.1 问题 …………………………………………………………… 120
　11.2.2 任务 …………………………………………………………… 121
11.3 第3章 …………………………………………………………… 122
　11.3.1 问题 …………………………………………………………… 122
　11.3.2 任务 …………………………………………………………… 122
11.4 第4章 …………………………………………………………… 123
　11.4.1 问题 …………………………………………………………… 123
　11.4.2 任务 …………………………………………………………… 123
11.5 第5章 …………………………………………………………… 124
　11.5.1 问题 …………………………………………………………… 124
　11.5.2 任务 …………………………………………………………… 124
11.6 第6章 …………………………………………………………… 125
　11.6.1 问题 …………………………………………………………… 125
　11.6.2 任务 …………………………………………………………… 125
11.7 第7章 …………………………………………………………… 126
　11.7.1 问题 …………………………………………………………… 126
　11.7.2 任务 …………………………………………………………… 126
11.8 第8章 …………………………………………………………… 127
　11.8.1 问题 …………………………………………………………… 127
　11.8.2 任务 …………………………………………………………… 127
11.9 第9章 …………………………………………………………… 127
　11.9.1 问题 …………………………………………………………… 127
　11.9.2 任务 …………………………………………………………… 128
11.10 第10章 ………………………………………………………… 128

  11.10.1 问题 …………………………………………… 128
  11.10.2 任务 …………………………………………… 128

第12章　可供进一步阅读和思考的资源 ……………………… 129
 12.1 书籍 ………………………………………………………… 129
  12.1.1 一般哲学(简介) ……………………………… 129
  12.1.2 技术哲学 ……………………………………… 131
  12.1.3 技术史与技术社会学(作为技术哲学灵感的经验源泉)
    ………………………………………………… 140
  12.1.4 设计方法论 …………………………………… 143
  12.1.5 认知科学 ……………………………………… 144
  12.1.6 技术教育哲学 ………………………………… 144
 12.2 期刊 ………………………………………………………… 145
  12.2.1 国际技术与设计教育期刊(International Journal of Technology & Design Education) ……………… 145
  12.2.2 哲学与技术(Philosophy & Technology) ……… 146
  12.2.3 Techne ………………………………………… 146
  12.2.4 技术与文化(Technology & Culture) ………… 146
 12.3 组织机构 …………………………………………………… 146
  12.3.1 技术哲学学会(Society for Philosophy of Technology)
    ………………………………………………… 146
  12.3.2 技术史学会(Society for the History of Technology, SHOT) …………………………………………… 146
 12.4 丛书 ………………………………………………………… 147
  12.4.1 工程与技术哲学(Philosophy of Engineering and Technology) ………………………………………… 147

序 言
PREFACE

　　于我而言,撰写本书是一项极具挑战性的任务。对于许多像教师一样注重实践的人来说,哲学常被贴上脱离实际、难以理解、枯燥乏味等负面的标签。然而,我坚信,无论处于教育的哪个阶段,教师都能从哲学中受益匪浅。我在从事中小学技术教育教学的过程中就有过类似的经历。有时,这感觉就像是在创造一门学科,我强烈地感到需要为此寻找一个合理的概念基础。与技术哲学相关的著作极大地帮助我搭建了这一概念基础,并使我与他人交流这一概念基础。无论何时,当我们想要教授某项知识时,都必须清楚自己所教授的是什么。哲学家尤其关注这类问题,例如,所谓的"技术"究竟是什么? 因此,我与技术哲学结下了不解之缘,并最终全身心地投入这一领域。直至今日,我仍在日常工作中利用各种机会将哲学与教育问题联系起来。每当完成一项哲学研究时,我就会立即问自己:"这对技术教学有何启示?"在多数情况下,我都会发现,考虑这些哲学问题可以提升技术教学的效果。希望本书能让读者也获得类似的体验。然而,如何将技术哲学以一种非哲学家也能容易理解的方式来呈现,确实是一个巨大的挑战。这些非哲学家,可能是向未来的教师传授技术知识的教师教育者,也可能是在学院或大学里向工程专业的学生讲授技术哲学入门课程的教师。此外,这本书甚至可能会吸引那些已经在中小学教授技术课程的教师。本书能帮助读者更清楚地认识自己所教授的内容是什么,希望本书能够通过技术哲学所提供的见解,帮助读者改进教学方式。

本书的书名与其他书名之间存在一定的关联。卡尔·米切姆(Carl Mitcham)为哲学家写了一本关于技术哲学的导论性著作《通过技术思考》*(Thinking Through Technology)。后来，约瑟夫·皮特(Joseph Pitt)也写了一本有关技术哲学的书籍——《技术思考》*(Thinking About Technology)。本书的书名为《技术教学导论》(Teaching About Technology)。为了形成一个完整的循环，或许将来有人会撰写一本名为《通过技术教学》(Teaching Through Technology)的书。不过，那本书不是关于技术教育的，而是关于教育技术的。由于这两个术语经常被混淆，我想在此强调，本书探讨的是"技术教育"，而非"教育技术"（尽管我在其中一章明确了技术在技术教学中的应用）。

本书在最后一章（第12章）列出了附有说明的参考资源，读者可以在其中找到我所使用的参考资料。为了使本书具备教科书的特点，我没有在各章中单独加入注释和参考文献（第9章除外）。在多数情况下，读者很容易就能从附有说明的参考资源中找到所引用和讨论的作者的著作；但也存在不太容易找到参考文献的情况，这是因为我没有查到适合非哲学家读者查阅的资料，或者资料不是用英文撰写的。

非常感谢读过本书之前版本的那些人。特别要感谢贾科莫·罗曼诺(Giacomo Romano)和克里斯特·维森(Krist Vaesen)，他们当时是埃因霍芬理工大学(Eindhoven University of Technology)技术哲学项目的博士生，他们审阅了本书的初稿。也要感谢我在埃因霍芬工作时长期合作的同事兰伯·罗亚克斯(Lamber Royakkers)，他为有关伦理学的章节（第6章）提供了宝贵的建议。还要感谢由雅克·吉内斯蒂埃(Jacques Ginestié)带领的技术教师教育项目团队，我于2004年7月在法国马赛和他们一同举办了为期3天的技术哲学微型课程，并借此机

---

* 《通过技术思考》全名《通过技术思考：工程与哲学之间的道路》，由辽宁人民出版社于2008年引进出版。——编者注

* 《技术思考》全名《技术思考：技术哲学的基础》，由辽宁人民出版社于2008年引进出版。——编者注

会试用了本书的内容。这对我来说真是一次美妙的经历。我还要感谢一位匿名审稿人,他仔细阅读了我的文稿,并提出了一些非常有用的意见。

感谢比尔·科伯恩(Bill Cobern),感谢他为本书的出版所做的努力,使本书成为他所编辑的图书系列中引人注目的一册。最后,我要感谢克鲁维尔学术出版社(Kluwer Academic Publishers)的米歇尔·洛克霍斯特(Michel Lokhorst)。我们一起在《国际技术与设计教育》(International Journal of Technology and Design Education)杂志工作了多年,感谢他将本书收入克鲁维尔学术出版社[现为施普林格(Springer)出版社]*的系列产品中,我对他深表敬意。

关于第二版,我想说的是,我惊喜地发现,在这本书首次出版10年后的2014年,书中很多章节仍然被频繁下载。对于施普林格出版社来说,这足以证明本书有再版的必要性;而我也很高兴利用这次机会,对本书进行了更新,并就"技术的概念和概念学习"这一内容新增了一章。希望这能有助于教师、教师教育者,或任何有兴趣为技术教学寻找哲学基础的人继续使用这本书。

马克·德·弗里斯(Marc J. de Vries)
2015年4月于荷兰代尔夫特

---

* 2004年,施普林格出版社与荷兰克鲁维尔学术出版社合并为施普林格科学与商业媒体(Springer Science+Business Media)。——编者注

第1章
技术哲学：是什么和为什么？

技术"哲学"是什么？为什么教育工作者想要了解它？本章将讨论这两个问题。

以上两个问题的答案并不是显而易见的。第一个问题中的"哲学"一词在不同的情境中有不同的用法。例如，一位教师可能会说自己在班级管理上的"哲学"是让每个人做自己擅长的事情。在这种情况下，"哲学"一词并不是指一门学科，而是指一种特定的"方法"。若从这个意义上理解"哲学"，教育工作者往往会对其产生了解的兴趣。然而，如果从学科的视角来看"哲学"，教育工作者则可能没什么兴趣，因为他们关心的主要是日常实际问题。除了与教师职业无直接关联的个人兴趣外，教育工作者为什么要选择本书呢？

若第一个问题悬而未决，那么第二个问题也无法得到恰如其分的解答。因此，首先要考虑技术哲学中"哲学"一词的含义。本书中，"哲学"指什么？

1.1 什么是哲学？

通常来说，"哲学"是指一门旨在对现实的各个方面进行系统性反思的科学学科。在哲学中，通过提出类似的问题来探索和分析这些方面的真实本质，如"你说……是什么意思？"这被称为哲学的**分析功能**(analytical function)。提出这样的问题往往有一个实际目的，例如帮助人们打破辩论中的僵局，尤其是当这些僵局是由术语的不成熟使用所造成时。以下是一个典型的僵局案例：多年来，人们一直在争论技术是否应当被称为"应用科学"(applied science)，这样的争论往往以失败告终，原因在于，无论是"技术是应用科学"的支持方还是反对方，都能轻易地找到相应的实例来支持自己的观点。似乎存在这样一种悖论:对于"技术是应用科学"这一观点,既可以找到证据支持,如晶体管的发明;同时也可以找到证据反驳,如蒸汽机的创新。然而,当我们提出这样一个问题时,就会发现,这种悖论似乎只是一个假象:在辩论中,我们说"科学"时指的是什么?说"技术"时又指的是什么?只有这时,我们才会意识到,这种悖论的出现是术语使用上的局限性所造成的。基于这样的认知,人们现在意识到,在探讨科学和技术时必须小心谨慎,避免作出过于笼统的论断,因为科学和技术存在不同的类型。在辩论中,人们常常会使用一种特定类型的科学和技术来支持一种观点,而又使用另一种类型的科学和技术来支持另一种观点,却未能明晰这些术语在不同情境下的不同用法,进而导致没能达成共识。这个例子说明,仔细反思所使用词汇的含义是非常重要的。这就是哲学发挥其独特价值之处。

除了分析功能外,哲学还具有**批判功能**(critical function)。通过运用哲学的分析功能发展而来的适当的语言和概念,我们现在可以反思事物,从而作出价值判断。

鉴于现实分为许多方面,所以存在许多类型的"哲学"。在本书中,我们将探讨技术哲学(philosophy of technology)。与另一门研究现实中一个相关方面的"哲学"——科学哲学(philosophy of science)相比,技术哲学是一门相对年轻的学科。在科学哲学中,人们探讨的问题包括"科学知识是如何产生的?""依据什么标准来判断某项活动是否属于'科学'范畴?""什么是科学理论以及它与现实世界是如何关联的?""可以区分出哪些不同类型的科学?"哲学的第三个分支是**心智哲学**(philosophy of mind),这类哲学关注的是现实中精神层面的各个方面。心智哲学探讨的问题包括我们所说的"意图"(intentions)、"欲望"(desires)、"信念"(beliefs)是什么,"理性"(rationality)又是什么,在理性的心智中,意图、欲望和信念是如何相互关联的,等等。由于理性在科学中发挥着重要作用,所以科学哲学和心智哲学之间存在关联。同样,心智哲学与技术哲学也有关系。当我们意识到技术既关乎双手,也涉及心智时,这一点就显而易见了。在心智哲学的相关文献中,我们会读到一些常见的概念,例如具有"意图"和"欲望"的"主体"的"理性",以及通过"推理""手段-目的关系"来"规划""行动"。这些概念在技术哲学中也发挥着重要作用。在后续章节中,当我们学习技术哲学的各个方面时,将会再次接触这些概念。

在哲学的学科范畴内,我们可以细分出多个领域,就像物理学可以细分为固体物理学、核物理学、光学和力学(经典力学和量子力学);我们也可以识别出哲学的不同部分,因为哲学的每个部分都有其独特的关注焦点。现在,让我们来看看在本书后续章节介绍技术哲学时,将要探索并了解的哲学的主要领域有哪些。

哲学的第一个领域是**本体论**(ontology)。该领域关注"存在"的本质,即"是什么"以及"存在什么"。乍一看,询问"'某物存在'是什么意思"这个问题似乎微不足道,而且很多人可能会对提出这样一个问题的意义存在疑惑。然而,在某些情况下,这个问题的答案确实至关重要。例如,有人可能会问:"技术产品是否真地具有系统性?还是这只是人们为了理解它们而'发明'的概念?"本体论也探讨事物的**本质**(essence)。例如:"是什么让技术不同于自然?""什么时候可以将某物称为'技术的'或'人造的'?""什么时候可以称之为'自然的'?"

哲学的第二个领域是**认识论**(eistemology)。该领域关注"知识"的本质。例如,当我们说"我们知道月球绕着地球转"时是什么意思?抑或是,当我们断言"我们知道面前的设备是一台CD播放机"时又是什么意思?在当今这个时代,知识被视为社会的一个重要议题。人们常常会提到"知识经济"(knowledge economy),越来越多的人对所谓的"知识管理"(knowledge management)感兴趣,那么,在这些语境下,"知识"一词的含义是什么呢?在教育领域,知识也起着至关重要的作用。很长一段时间以来,教育被视为知识传递的过程,现在,人们对教育的理解更加多样化。我们认识到,知识并不总是单纯地被传递,有时它需要在个体中"生长"。与认识论领域相关的是心智哲学,在这类哲学中,人们会反思心智是如何运作的,以及它如何形成知识和产生其他类型的意图。

哲学的第三个领域是**方法论**(methodology)。在该领域中,很容易产生混淆。人们常常将方法论与方法(methods)混为一谈,方法只是方法论中的一部分。"方法论"(methodology)一词由"Metha""hodos""logos"三个希腊单词组成。"Metha"意为"通过或经由";"hodos"意为"方法或路径";"logos"意为"词或言辞",也有"研究"的意思。从字面上看,"methodology"或"meth-hodos-logy"意为关于某事通过(metha)什么路径或方式(hodos)而发生的研究(logos)。当我们想到"方法"时,常常认为这样的路径或方式是明确且直接的,但事情的发展并不总是井然有序,很多时候,这样的路径是崎岖不平的。方法论研究的是所有类型的路径或方式。

哲学的第四个领域是**形而上学**(metaphysics)。该领域研究人们对现实的看法,以及人们尝试理解现实的方式。其中,活动的目的是一个重要的议题。关于目的的思考,我们称之为**目的论**(teleology),这是一个与"神学"(theology)截然不同的概念,不要混淆。神学是一门独立的学科。目的论探讨的是目标和目的。例如,人们生活、工作、娱乐、吃饭、思考等的目的是什么?这类问题的答案通常与一个人的世界观密切相关。这些世界观可能是某种宗教信仰,但也可能与之无关(因此,我们应注意不要把目的论和神学混为一谈)。当然,目的论的前提条件是假定人生是有目标和目的的。出于这个原因,许多哲学家认为目的论是一种理论,而不是哲学的一个研究领域。然而,对于非哲学领域的人来说,当他们听到"哲学"这个词时,脑海中首先想到的可能就是目的论中所讨论的那些非常基本的问题是什么。在技术领域,目的论促使人们思考从过去到现在人类不断开发和使用技术的驱动力是什么。这仅仅是为了满足生存需求吗?还是说作为"技术人"(homo technicus)的我们拥有更多未被发掘的其他动机?

哲学的第五个领域是**伦理学**(ethics)和**美学**(aesthetics)*。之所以在本书中把伦理学和美学放在一起讨论,是因为它们都涉及价值问题。伦理学关注哪些行为是提倡的、哪些是不应该做的。它不仅涉及具体的伦理准则,比如那些从宗教中衍生出来的准则(人们有时会因为害怕被灌输思想而回避这些准则),还涉及对伦理困境的逻辑分析。**逻辑**(logic)是哲学中的一个领域,它不仅在伦理学中发挥着重要作用,同时还在哲学的其他领域扮演着重要角色。当对涉及伦理因素的决定(支持或反对)进行推理时,它有助于人们提出合理的论点。因此,伦理学既是一个讨论具体伦理观点的领域,也为伦理思辨提供逻辑工具。美学研究的是美的价值。某物具有美感是什么意思?在此,逻辑也起了作用。一种流行的说法是,美是无可争议的。这表明对美的思考只是一种感觉,但在哲学视野下,这种说法被赋予了更深层次的内涵,逻辑可以像探讨其他议题一样,对美的理性思考提供坚实的支撑。

所有这些领域在技术哲学中均占据一席之地。例如,近年来,关于"技术人工物的本体论"(ontology of technological artifacts)的文献越来越多。在这类文献中,哲学家们致力于探究技术人工物(technological artifact)的本质。那么,什么时候我们可以说某个物体是技术人工物呢?目的论也是技术哲学中的一个重要方面。我们可能会对这样一个问

---

* 伦理学和美学是哲学中的两个领域,因两者共同关注价值问题,本书将两者放在一起讨论。

题感兴趣:人类出于什么不同的目的使用技术?本书的第2章、第3章、第4章、第5章和第6章将分别讨论技术哲学中的这五个领域。

将整个哲学领域细分为子领域的另一种方法是将其划分为分析哲学(analytical philosophy)和欧陆哲学(continental philosophy)(之所以称为欧陆哲学,是因为这一流派的作者大多数是德国人或法国人,而分析哲学流派的作者大多来自英国或美国)。虽然现在这两种哲学流派已不像过去那样泾渭分明,且"欧陆"这样的地理性术语也不再适用,但是仍然可以将当代的许多哲学家认定为这两种哲学流派之一。两者的主要区别在于:分析哲学流派的主要目标是进行概念化,而欧陆哲学家则更倾向于对现实(的各个方面)作出价值判断。有时,这种差异也被解读为,一种是语言哲学(philosophy of language)(因为概念化在很大程度上与使用语言——词语和表达——来定义概念的方式有关),另一种则是文化哲学(philosophy of culture)(因为价值判断在大多数情况下都涉及文化的发展和技术在其中所起的作用)。事实上,这意味着哲学的两个功能(分析和批判)已经由哲学的不同流派分别处理。大多数人可能是通过阅读第二个流派(欧陆哲学或文化哲学)的书籍来了解技术哲学的,因为思考技术的社会影响和文化意义往往比思考如何正确定义和理解技术概念更能激发人们的兴趣。希望本书的其余章节可以表明,这两个流派同样引人入胜。从教育的视角来看,寻找清晰且定义明确的概念与讨论技术发展的价值层面同样重要。

以上讨论的是一般意义上的哲学,现在让我们将焦点放在技术哲学上,来看看这一特定领域的现状。

1.2 什么是技术哲学?

在技术哲学的领域内,同样能观察到欧陆哲学和分析哲学的差异。在技术哲学的早期发展阶段,大多数作者撰写的文章都是聚焦于技术与社会的相互影响,这种聚焦于技术与其社会环境之间关系的反思方式,我们称之为"关于技术的哲学"(philosophy about technology)。米切姆将此类哲学称为"人文主义技术哲学"(humanities philosophy of technology)。此类哲学中的哲学家大多没有工程学或自然科学的背景,许多人都是纯粹的哲学家。这也许能够解释为什么他们不太关注技术的本质,而是更侧重于技术对文化和社会的影响——他们没有进行此类反思的专业知识。尽管这并不一定是人文方法的影响，但这一类别的作者往往更倾向于关注技术对社会的负面影响，并经常提醒人们要小心。反思技术的另一种方式是"技术哲学"，其特点是致力于描述技术本身。这一领域的哲学家中，有几位同时拥有哲学和工程学背景。这种学科背景的组合并不常见，也许这就是第二种类型的技术反思出现得比第一种更晚、发展更缓慢的原因之一。米切姆将此类哲学称为"工程主义技术哲学"（engineering philosophy of technology）。尽管此类哲学家的工程背景不是必然的，但他们对技术的批判往往比他们的"人文主义技术哲学"同行少得多。在技术哲学的这一流派中，我们还发现了**经验转向**（empirical turn）。这一术语表明，哲学家们开始更加关注技术实践，并尝试让哲学议程至少部分地受到实践经验的引领。其背后的理念在于，这种做法有益于哲学中适当概念和观点的生发。当然，这并不意味着哲学将变成一门经验科学（哲学家仍然有发表与实践没有直接联系的言论的自由），但它确实会激发哲学家发展出对实践者具有实际意义的观点。对于教育领域来说，这种经验转向同样值得关注。在教育中，我们喜欢教授那些能够在实践中看到的技术，而非与实践无关的哲学理论。

　　作为哲学的一个普遍特征，技术哲学也同样反映了本体论、认识论、方法论、形而上学（以及该领域中的目的论）和伦理学之间的区别。米切姆在其技术哲学发展过程中形成的综述《通过技术思考》中指出，对技术的反思集中在将技术概念化的四种方式上：技术作为对象、技术作为知识、技术作为行动和技术作为意志。第一种技术概念化的方式主要涉及本体论的探讨，哲学家们会追问技术人工物的本质。在第二种情况下，即将技术视为知识，则自然而然地引导人们进入认识论的研究。从行动的角度来看，方法论是行动所涉及的哲学领域，而将技术作为意志的方式则考虑了目的论、伦理学和美学。在本书中，我们将采用米切姆的分类方式来阐述技术哲学对技术教育者的意义，这种分类方式与之前所确定的哲学领域的划分方式大致吻合。但是，正如我们将要看到的那样，在米切姆的分类中，技术哲学领域的讨论往往会融合多个哲学领域的元素。

　　米切姆在其书中明确指出，与科学哲学等学科相比，技术哲学是一门相当年轻的学科，因此，许多基础性问题仍处于激烈讨论中。诚然，这样的争论是哲学界普遍存在的，科学哲学领域内也仍然存在着非常基础的争论。然而，技术哲学在这些争论中并没有像科学哲学那样形成明确的立场,也未能形成像科学哲学那样具有悠久传统的"学派"(schools),如波普尔学派、库恩学派、拉卡托斯追随者或费耶阿本德学派。技术哲学更像是一幅由许多不同的思想和见解构成的马赛克(mosaic)拼图。尽管如此,我们还是可以从这幅马赛克拼图中学到很多东西。毕竟,马赛克也有其独特的魅力。

1.3 技术教育工作者为什么想要了解技术哲学?

教育工作者想要深入了解技术哲学,这当然不是显而易见的。对于许多人来说,哲学总体而言缺乏明确的实用性,这种看法甚至在一些名人的言论中也有所体现。汤姆·莫里斯(Tom Morris)在其《傻瓜哲学》(Philosophy for dummies)一书中就引用了其中的一些言论;伏尔泰(Voltaire)也曾写道:"听者不知说者之意,说者亦不知其所以然——这就是哲学。"哲学家们唯一能做的就是彼此争论不休,或者用威廉·詹姆斯(William James)的话来说:"哲学家只会做一件事,那就是反驳其他哲学家。"乔纳森·斯威夫特(Jonathan Swift)认为,这样的结果只能是消极的,他写道:"哲学家们的各种观点散播在世界各地,荼毒心灵,如同从潘多拉盒子里飞出的瘟疫之于人的身体;唯一的区别在于,哲学的'盒底'没有希望。"

以上这段话听起来对哲学并不是很正面。那么,技术教育工作者为什么还要花时间去研究技术哲学呢?这或许是因为他们认同苏格拉底(Socrates)所说的"未经审视的生活不值得过"(同样引自汤姆·莫里斯)。或者将其应用于技术教育,"未经审视的技术不值得教授"。如果只把技术当作一系列知识和技能的集合来教授,而不进行任何形式的思考与反思,这样的教育状况岂不是很可悲?这会不会导致教学内容的选择变得相当随意?而这真地能满足(未来)公民在科技世界中的生活需求吗?

让我们思考一下教授技术的人能从技术哲学中获得什么。技术教育工作者至少有四个理由去深入了解这门学科:技术哲学可以成为确定课程内容的灵感来源,它能提供关于如何构建教学和学习情境的见解;它能提供关于技术的概念基础和恰当理解,帮助技术教育工作者在教授技术时更好地应对突发情况;它有助于明确技术教学相对其他学科的定位;它还有助于确定技术教育中教育研究的研究方向。接下来,我们将详细讨论这些方面。

教授技术具有多重目标。其一,人们需要具备特定的知识和技能,以便在技术扮演重要角色的环境中发挥作用。其二,人们需要对技术形成全面而均衡的认知。有人可能会认为,对技术形成全面而均衡的认知是在技术世界中有效运作的前提。事实上,培养良好的技术观念在各种情境下都至关重要。对于未来的工程师来说,了解他们将要工作的领域的特点至关重要,这样他们才能有意识地、负责任地思考和行动。同时,对于那些不会成为工程师,但在生活中会频繁接触技术的人来说,能够就如何应用技术做出恰当且明智的判断也是很重要的。无论是在专业或学术课程中进行技术教学,还是将其作为全民通识教育的一部分,教育工作者都面临一个共同问题:应该如何设计教学内容,以帮助学习者对技术形成良好的认知?换句话说,课程内容应该是什么?技术哲学可以帮助回答这个问题,因为它提供了关于技术的重要特征的思想,而这些思想内在于对技术的平衡认知中。

一旦确定了课程内容,接下来的问题就是:我们该如何构建教学情境,以增强学习者对技术的这样一种平衡认知?在这方面,技术哲学无疑是一个值得考虑的有价值的资源。除此之外,技术哲学还揭示了技术知识和技能与其他类型的知识和技能的差异,这些差异对于确定如何教授和学习技术知识和技能可能非常重要。例如,技术知识的显著特征之一在于其内在的规范性。技术哲学,特别是技术认识论的研究表明,技术知识通常伴随着判断。在工程师的知识体系中,相当一部分与人工物的功能有关,这些功能可能已经实现得尽善尽美,也可能存在不足。技术知识的规范性还体现在材料选择上,即有些材料比其他材料更适合用于制造特定的人工物。这种关于材料特性和需要在人工物中实现的功能之间关系的规范性知识,是技术知识规范性的另一个例子。相比之下,科学知识不具备这种类型的规范性。科学也有其规范性,但主要体现在我们对何为科学知识的接受标准上,而不是知识对象本身。例如,我们不能评价一个电子是好是坏。一旦我们开始评估某物的适用性,就已经踏入了技术的领域,因为此时我们关注的是其实用目的或应用效果。毫无疑问,科学知识和技术知识之间的这种差异会对我们如何教授这两种不同类型的知识产生影响。深入了解技术知识规范性的特征,可以帮助技术教师在设置技术教学环境和情境时做出精准和有效的决策。在本书后续章节,我们将进一步探讨如何将这些理念付诸实践。

教与学始终是一个互动的过程。无论教师做了什么准备,学习者都会对所教的内容产生影响,并且这种影响通常是无法预料的。教师无法事先知道学习者会对教师准备的教学情境中的内容提出什么问题。如果一个教育者对技术没有良好感知,完全依赖他人设计的课程(而这些课程设计者却具备这样的感知),那么当学习者开始提出课程内容中没有直接和明确提及的问题时,他们很快就会陷入困境。简而言之,如果一个人对技术没有良好的感知,就不可能帮助他人在教学情境中获得这种良好的感知。

对技术独特性的深入思考也有助于明确技术教学相对于其他学科的定位。其中最重要的例子莫过于反复出现的一个问题,即如何恰当地定位科学教育和技术教育这两个通识教育要素之间的关系。正如将在第4章中所讨论的,科学知识和技术知识的发展往往是齐头并进的。然而,科学知识和技术知识本质上是不同的,它们各自具有鲜明的特征(技术知识的规范性已在前文提到过)。这证明了技术教学应该与科学教学分开进行,但同时,两者又应该密切合作,以公正看待两者之间的关系。在教学实践中,实现这一目标有不同的选择。对技术和科学的哲学见解有助于我们找到技术教学区别于科学教学和其他学科教学的定位。

理想情况下,技术教育的发展应当得到教育研究的支撑。可惜的是,现实情况往往并非如此。

有时,缺乏兴趣是造成这种情况的原因。人们认为技术是一门非常实用的学科,没有必要发展任何关于其教学的理论,甚至没有必要通过实证研究来了解教学实践的情况。在其他情况下,资金不足是导致技术教育发展缺乏教育研究的原因。但幸运的是,也存在教育研究在课程开发和教学实践发展中发挥作用的情境。然而,如果技术本身的特征不明确,那么就教学技术而言,要研究什么也同样不清楚。在这里,技术哲学可以作为灵感的源泉。在技术哲学中,技术和工程的一个重要特征是系统概念的使用。对于教育研究来说,这引出了一个问题,即学生对此可能有哪些先入为主的概念。他们是否会凭直觉断定,洗衣机是一组协同工作的部件,通过特定的过程将特定的输入转换为特定的输出?还是他们只能看到一大堆螺母和螺栓的集合?技术哲学已经证明,考虑人工物的功能和物理性质是有用的。学生在进入课堂之前就已经有了这样的理解吗?他们首先会如何描述一把刀？是把它描述为一个具有尖锐部分和钝化部分,并且组合在一起的物体(物理性质),还是把它描述为切面包或肉的工具(功能性质)？对于那些试图教授这些人工物的教师来说,这样的洞察力将非常有用。同样,对设计过程(在设计方法论中)的哲学反思有助于我们确定,在学生的项目工作中,哪些设计方式是重要的。

在深入探讨前,有必要对"技术"和"工程"两个术语的使用进行说明。我并未尝试给"技术"下一个定义。若读者正在寻找有关技术的准确定义,市面上有成千上万种定义可供选择,而我自认为无法给出一个超越所有现有定义的答案。本书中,我将"技术"一词用于广义上的人类活动,这种活动通过使用各种信息和知识,以及各种自然(如材料、能源)和文化(如货币、社会关系)资源,来改造自然环境,以更好地满足人类需求。同样地,我也将在广义上使用"工程"一词,与"技术"不同的是,工程用来描述被称为"工程师"的专业人士开展的上述活动。这一范畴不仅包括机械工程师和电气工程师,还包括建筑师和纺织品设计师等,即开发和制造新技术设备、系统和工艺的所有专业人员。"技术"一词还涉及参与这些活动的人类用户。在描述技术哲学时,"技术"和"工程"这两个术语都是适用的,本书将在特定情况下,根据所引用的文献来决定使用哪个术语。

既然我们已经初步了解了技术哲学的核心内容,以及它如何对教育工作者产生积极影响,接下来我们将探讨技术哲学的各个领域,以便更深入地了解迄今为止已经形成的思想。我们将从技术人工物这一议题开始。

第2章
技术人工物

当询问一个年幼的孩子什么是技术时,他/她很可能会开始列举技术人工物的例子,这是几项针对年轻人的实证研究所得出的结论(第7章将更详细地讨论这一点)。技术人工物是我们与技术最直接的接触。我们可能看不到技术背后的所有过程,但这些过程的结果,即人工物,却无处不在。本章将探索如何将技术人工物与我们生活中的其他物体区分开来,以及它们如何在我们生活中占有一席之地并与我们互动。

2.1 自然物体、仪器、工具和人工物

假设有人在森林里散步,捡起一根粗大的树枝用作拐杖。发挥一下想象力,我们可以将之称为技术的一个非常简单的例子。毕竟,人类已经出于实际目的使用了一个物体。大多数人都会同意,这就是我们所说的技术的核心。但与此同时,我们不愿意把这根树枝等同于另一位在森林里散步的人所使用的在商店里购买的拐杖。虽然树枝和拐杖现在的用途是相同的,但它们的历史有所不同。拐杖最初也是一根树枝,但为了能够胜任拐杖的角色,它已经过了相当大的改造。而第一位散步者使用的树枝没有经历过这样的改造。这种差异可以用来区分自然物体和工具。这些术语是兰德尔·迪珀特(Randall Dipert)在一本关于艺术和技术中的人工物的书中提出的。在他的术语中,最初的**工具**(instrument)是人们为实际目的而使用的未经过明显修改的自然物体。现在所谓的**工具**(tool)则是人类为了使其适合于某种实际目的而加以**修改**(modified)的物体。简而言之:第一位散步者手中的树枝是自然物体,第二位散步者手中的拐杖则是工具。

迪珀特还定义了我们在技术中可以找到的第三类物体——**人工物**(artifact)。那么,工具和人工物之间的区别是什么呢?迪珀特指出,人类不仅可以为了实际目的而修改物体,而且还可以使修改后的物体显示出它现在的用途。他以椅子为例来说明这个概念。根据迪珀特的说法,椅子以其独特的设计让你知道可以坐在上面,这不仅仅是一个功能性的问题,更是设计师匠心独运,故意将椅子设计成这样的形状,以展示出你应该如何使用它。尽管该示例旨在验证迪珀特术语中"人工物"概念的有效性,但它同时也揭示了迪珀特在工具和人工物之间划分界限的复杂性。在现实中,并非所有椅子的设计者都会着重考虑关于椅子如何发挥其功能的问题。但是,如果有些设计师这样做了,而有些设计师没有这样做,那么结果将是:那些没有刻意关注这一点的设计师所设计的椅子可能被归类为工具,而那些确实关注了这一点的设计师所设计的椅子则被称为人工物。这令人感到困惑。此外,如果我们不考虑设计师的初衷,只看结果(物体是否显示其功能,无论是有意的还是无意的),那么问题将转移到用户身上,即他/她是否认为物体显示了某种功能。不同的人可能会有不同的看法。这又造成一个模棱两可的问题:对一些人来说,椅子是一种工具;对另一些人来说,它是一件人工物。由此可见,在迪珀特的术语中,工具和人工物之间的界限并不是那么清晰明了,因此本书放弃了这种区分。从现在开始,本书将把任何经过修改的物体统称为人工物,不管它是否显示了被修改的目的。这意味着我们将合并迪珀特有关工具和人工物的概念,并将它们统称为人工物。

2.2 人工物、功能和物理属性

在前面的例子中,树枝和拐杖都起到了支撑散步者倚靠的作用。因此,可以使用**功能**(function)这个术语来表达这一实际用途。这个术语在技术领域被广泛使用。当设计师面对设计任务时,他们首先会考虑的一个问题是:这个设计的功能是什么?提到"功能"一词,不禁让人联想到数学中的函数*。在数学中,函数的概念与**转换**(transformations)有关,数学函数能够实现将一个数字向另一个数字转换的功能。比如,在数学函数"$f(x)=x^2+2x+1$"中,能将数字"1"转换为数字"4",将数字"2"转换为数字"9",以此类推。

---

* 英文中function也有"函数"之意。——编者注

在树枝和拐杖发挥支撑作用的例子中,虽然这种转换看似有些人为设定,但并非不可理解。两者都能帮助散步者从弯腰驼背且可能疼痛难忍的状态转变为挺直腰板、轻松行走的状态。如果仍然有人觉得这有点牵强,那么让我们看看其他关于功能的例子,这些例子更能体现转换的特征。咖啡机具有制作咖啡的功能。这里有一个明显的转换过程,即放入咖啡机的原料变成了美味温热的咖啡。这样的例子不胜枚举。

一般来说,技术功能的作用在于促使一种**情况**(situation)或**状态**(state)转变到另一种情况或状态。当我们觉得需要使用人工物时,我们正处于第一种状态。在这种状态下,我们可能并不完全满意,因此渴望寻找一种更好的状态。我们期望通过使用人工物达到这种更好的状态。例如,我们现在可能在家里,但想去杂货店购买些食物。在这种情况下,我们就会乘坐交通工具,通过汽车或自行车从家里前往杂货店。换句话说,汽车或自行车实现了将当前的状态(在家)转变为期望状态(在杂货店)的功能。这些人工物是人们能够达到期望状态所必需的操作。

功能与人的**意图**(intensions)密切相关。因为我们有购买食物的意图,所以想实现前面所述的转变。在哲学中,"意图"一词的使用与我们日常语言中的用法略有不同。在日常语言中,我们通常把"意图"这个词理解为指向某个目的的心态。但在哲学中,这个词具有更广泛的含义。它可以用来描述任何形式的针对某物或某人的指向性。意图是一种心理状态,在这种状态下,我们的注意力或行动方向指向某物或某人。这种指向性可以具有不同的特点。我们已经提到了其中的一种,指向某个具体的目的。对某物的渴望也可以称为一种有意的心理状态。我们因渴望而被引向该物或状态。**信念**(belief)也被称为一种有意的心理状态。相信某个人的某些事情,就会关注这个人。在这里,我们会涉及心智哲学的领域。

在人工物的案例中,至少涉及两个人的意图。首先是**设计师**(designer)。在当今时代,人工物的设计和制造往往由不同的人完成,即使设计师可能并未意识到这种情况,但其职责是将自然物体或材料改造成人工物。设计师的意图是设计出一件能够满足实际用途的人工物。为了设计出合适的人工物,设计师必须考虑**用户**(user)未来的意图,即用户希望实现怎样的实际目的。例如,在一家家用设备生产公司工作的设计师可能打算设计一种新装置,用于从葡萄酒瓶中拔出软木塞。这位设计师必须考虑葡萄酒爱好者打开葡萄酒的意图。在这种情况下,一旦产品被设计和制造,用户就会拿起装置——开瓶器,并按照设计师预期的意图使用它。为了让用户正确使用人工物,设计师可能会希望以某种方式来塑造人工物,以清晰地展示其用途(此时,考虑迪珀特关于工具和人工物之间差异的观点会很有帮助)。

一旦人工物到了用户手中,设计师的控制力便大大减弱。除了通过人工物的形状或手册中所包含的信息来施加一些间接影响外,此时由用户决定如何使用该人工物。在大多数情况下,用户会按照设计师设计时的初衷来使用人工物。例如,螺丝刀被设计用于转动螺丝,而且在许多情况下它会被这样使用,但没有人能阻止用户将其用于撬开罐头盖。诚然,这对受过专业训练的人来说可能难以接受,但专注于实际应用的业余爱好者认为这样做并无不妥。对于设计师来说,值得欣慰的是,在技术哲学中,我们愿意对以上提到的两种使用类型做出概念上的区分。当人们按照设计师的初衷使用时,我们称其遵循了**常规功能**(proper function)。但是,当用户以不同的方式使用时,则遵循的是**意外功能**(accidental function)。对于设计师来说,另一个值得欣慰的方面是,如果人工物没有按照其常规功能使用,那么出现故障也是情理之中,比如,用螺丝刀开罐头可能会导致螺丝刀弯曲。尽管设计师最终是对的,但这显然无法让客户满意。因此,设计师不仅要考虑设备的常规功能,还要努力预测各种可能的意外功能,以确保产品能承受各种"滥用"(当然,"滥用"是从设计师的角度来看)。换句话说,设计师需要努力想象当用户看到产品后可能会产生什么样的**用户计划**(user plan)。有时,这甚至是一个至关重要的问题。在一些国家,如果产品伤害了用户,制造商可能会遭到起诉,即使原因在于设备使用不当。例如,在美国,一位女士就因为把洗完澡的狗放进微波炉中烘干而起诉了微波炉制造商。设计师没有预料到这一用途,也没有在手册中明确警告不能这么做。尽管这听起来令人难以置信,但法官最终判决这位女士胜诉。这可能会使设计师发疯,因为他们需要预测并应对所有可能产生危险的意外使用方式。正如那位把狗放进微波炉的女士所证明的那样,用户的意图是不可能完全预测的。在这个例子中,用户对微波炉的使用方式不仅背离了设计师的初衷,更显示出其对产品的错误认识。

也有可能经过一段时间后,某个人工物的一般用途会从设计师预期的功能(即我们所称的常规功能)转变为意外功能。这种新的用途并不符合设计师的初衷(如上述微波炉的例子),并非源于对产品的错误认识(与微波炉的情况相反),而是产品设计的物理特性确实允许这种用途,尽管并非如预期一样。在这种情况下,人们可能会质疑:既然几乎没有人以这种方式使用该产品,那么设计师在设计产品时考虑的功能是否仍然可以被认为是常规功能?或许,"常规功能"的含义在这种情况下应该改为"大多数用户所认为的那种用途"。此时,我们需要寻找一个新的术语来描述设计师原本预期的功能。哲学家约翰·塞尔(John Searle)指出,在赋予技术人工物功能时,确实涉及某种**集体意向性**(collective intentionality)。我们知道锤子的功能,是因为有一种集体信念,认为这种带有沉重短柄和较长较轻末端的工具就是锤子。塞尔还指出,当产品的功能与其物理性质无关时,这种集体意向性更加重要。锤子之所以被认为是锤子,不仅是因为集体意向性,还因为我们能够根据其物理属性推断出它应该是一种将钉子钉入木片的工具。然而,在钞票这样的例子中,情况就不同了。钞票的功能与它的物理属性无关(它也可能是一块石头或一根金条)。在这种情况下,钞票的功能完全取决于一种集体信念,即这张纸代表着一定的价值。这种集体意向赋予了钞票一种象征意义。

设计师和用户对技术人工物的信念来源于他们对制品的**感知**(perception)。那么,我们能感知到什么呢?我们可以看到制品的形状,感受到它表面的质地(粗糙或光滑),有时可以闻到它的气味,可以通过施力来测试它是否坚固、有韧性,还可以测试它的各种机械性能。总的说来,我们探索的是人工物的物理特性(如果需要,也可以包括化学特性和生物特性)。接下来,我们会尝试进行推理,从人工物的物理特性出发,推测出它可能具备的功能。例如,当我们第一次看到一把锤子放在桌子上时,我们会观察到它由两部分组成,一部分是一长段质量相当轻的材料(主要由木头制成),另一部分较小但质量较重。根据这些物理特性,我们可以推测出长而轻的部分可以握持在手里,而重的部分则适合用来对某物施加力量。在设计过程中,设计师的工作是相反的。他/她首先需要设想一个尚未存在的人工物的功能,然后通过一系列推理,从功能推导出其可能的物理形态,从而实现预想的功能。在锤子的例子中,设计师意识到这个工具需要有一个可以用来握持的部分和一个用来敲击钉子的部分。接着,他/她推断出,锤子需要有一个足够长的部分用于握持,以及一个足够重的部分来产生足够的冲击力。设计完成后,设计师会再次从物理特性出发,推断制品可能具有的功能,以检查是否存在可能需要避免或改良的潜在副作用。例如,他/她可能会意识到,锤子头部巨大的冲击力可能会导致其与手柄之间的连接松动,从而引发安全隐患。因此,锤子的手柄和头部之间必须加入坚固的连接。

我们可以使用更通用的术语来表达上述观点:技术人工物具有**双重属性**(dual nature)。一方面,它们是具有物理属性的物体,如大小、形状、颜色、重量、气味、化学成分。另一方面,它们是可以用来执行特定功能的物体。也就是说,技术人工物既具有物理性质,又具有功能性质。在设计和使用技术人工物时,我们会试图在两种性质之间建立联系。设计师的任务是(为尚未存在的技术人工物)构思一个合适的物理性质,以匹配预期的功能性质;而用户则在使用技术人工物时判断其(现有技术人工物的)物理性质能否满足期望的功能性质。除了物理性质(或结构)和功能性质这两个概念外,我们还可以引入第三个概念——功能实现(functioning)。这是使物理性质实现功能性质的过程。通过使用技术人工物,我们实现了技术人工物的功能,继而通过发挥其物理性质的作用,使现象得以发生。

物理性质和功能性质之间的关系从来都不是预先一对一设定的。对于任何特定的功能需求,都可能存在几种不同的物理形态选项,反之亦然。这就是为什么在设计和使用技术人工物的过程中,创造力可以发挥作用。但这一点并不总是被认识到。在包豪斯(Bauhaus)的设计方法中,**形式遵循功能**(form follows function)的原则决定了物理性质和功能性质之间的关系。根据这种哲学思想,一旦确定了要设计的技术人工物的功能,就可以从逻辑上推导出其形式。例如,一旦确定了某个设备应该滚动,就可以从该功能出发,从逻辑上推导出其形状应该是圆形的。但实际上,这一原则并非适用于所有情况。如今,设计师已经意识到,针对某一个功能需求,可以创造出各种不同的形式来实现。反之亦然:某一特定的形式可以用于各种不同的功能。通过演绎可以推导出来的是功能实现的过程,即从物理性质中推导出功能实现的方式。

用户对人工物(无论是其物理性质还是功能性质)的信念并非都是正确的,因为有时人工物的物理形态对用户来说显得难以理解。研究表明,当涉及**混合**(hybrid)产品时,这种现象尤为明显。混合产品是集成了不同功能的设备。一个众所周知的例子是瑞士军刀,它集各种功能(刀具、开瓶器、指甲锉、剪刀和小螺丝刀)于一身。另一个例子是带有收音机的闹钟。研究表明,用户对这类产品的接受程度取决于他们能否从外观上识别出各项功能。如果用户难以从人工物的物理外观识别出其功能,他们很可能就不会选择购买该产品。例如,索尼(Sony)曾经设计过一款将随身听和小型双筒望远镜结合在一起的产品,但市场表现不佳,这是一个失败的案例。这个失败的案例再次表明,设计师需要考虑未来用户的意图和理念。

研究用户对人工物的认识并非哲学家的专属领域,认知科学家也在积极探索这一问题。他们对人们如何感知产品进行了实证研究。设计师可以借鉴这些研究成果来预测可能的误用方式,并引导用户正确使用产品,从而提升客户满意度,因为当产品因错误或不当使用而无法正常工作时,会给客户带来不便与烦恼。例如,唐纳德·诺曼(Donald Norman)通过实例展示了门把手的设计对用户行为的影响。如果设计不当,用户可能会因为误解而感到困惑(比如试图通过拉来开门,实际上需要推);相反,如果门把手的形状明显指示了正确的操作方式(比如需要拉时就拉,需要推时就推),就能极大地提升用户体验感。他还批评了某些设计中存在的误导性提示问题,比如,灶台上四个燃烧器与四个控制旋钮的布局不匹配(四个燃烧器排列成正方形,而操作它们的四个控制旋钮却以线性的方式组织起来)。这种设计常常导致错误的燃烧器被打开,甚至引发安全事故。诺曼通过多个日常生活中的例子来说明他的观点,即设计师通常没有考虑人工物的形状(或物理性质)对用户认识其功能性质的影响。

哲学家和认知科学家越来越意识到,在探讨这一议题时,他们各自学科所采用的方法实际上可以相互借鉴并相互受益。因此,心智哲学(即研究心智本质及其运作方式的哲学分支)与认知科学之间的互动日益频繁。哲学倾向于采用更为理论化和反思性的研究方法,而认知科学则更注重实证性研究,两者相辅相成。

在生物学领域,我们也会遇到"功能"这一概念。当描述肢体或器官时,生物学家会使用功能的概念来阐述。比如,我们会说心脏具有通过静脉泵输送血液的功能。此时,人们会将心脏和中央供暖系统中的泵进行类比。在生物哲学中,关于如何准确描述生物功能的问题引发了诸多讨论,进而形成了若干不同的观点。首先,有些哲学家认为功能这一概念不属于生物学范畴,因为它与意图有关,他们认为生物学中不应该谈论意图。第二类哲学家倾向于使用功能的**起源论**(etiological)来进行解释,这类哲学家包括露丝·米利肯(Ruth Millikan)和拉里·怀特(Larry Wright)。他们依据肢体或器官在进化过程中的作用来界定功能。也就是说,功能是特定形态的肢体或器官得以留存下来的原因。这些观点关注过去。有时,人们会将这种自然选择的过程与历史进程中人工物通过试错和优选机制逐渐形成的过程相提并论。包括罗伯特·康明斯(Robert Cummins)在内的第三类哲学家则采用前瞻性的视角来解释功能。他们认为,功能是肢体或器官在生物体或更为广泛的整个系统中将发挥什么作用的预期。这种解释方式似乎与技术人工物功能的解释最为接近。

那么,生物学中"功能"一词的使用与技术领域中"功能"的使用有何关联呢?是否也涉及设计师和用户的意图?是否也能区分常规功能和意外功能?这些问题的答案在一定程度上取决于人们如何看待这些肢体和器官的"设计"。对此,大致存在几种可能的观点。其中一种观点承认存在一个设计师,但认为这个设计师其实就是进化过程本身。丹尼尔·丹尼特(Daniel Dennett)是支持该观点的较为知名的哲学家之一。他认为,心脏和机械泵非常相似,因为这两种情况都选择了最能满足泵送功能的设计。在他看来,人类只是进化过程的结果,他认为心脏和机械泵的意图性没有区别。另有一种观点认为心脏不是有意设计的结果,而机械泵则是。这些人通常认同丹尼特的观点,即进化是人类被创造的过程,但他们坚持认为,人类的进化与"盲目的钟表匠"的进化不同,其有自己的意图。另一个值得探讨的问题是,我们是否要将意图归于肢体和器官的"使用者"。例如,在多大程度上可以说一只鸟是有意使用翅膀的?同样,这个问题的答案在很大程度上取决于个人的选择,无法辩论。有些人会说,人类与动物的区别在于,人类可以有意图,而动物则不能。另一些人会声称,有些动物也是有意图的,他们可能会以黑猩猩为例,因为黑猩猩被观察到可以用棍子摘取水果。还有一些人会反对这一说法,认为这并不一定能证明动物是有意图的,因为这与某些鸟类使用石头敲碎贝壳的行为相似,这可能只是出于本能,而非有意识的、有意图的行为。人类与动物在设计行为上的真正区别在于,动物并没有表现出像人类那样的计划性行为。没有人见过河狸坐在画桌前设计水坝,我们也不知道蜘蛛在开始织网前是否会设计蛛网模式。

显然,技术人工物的功能种类繁多,难以尽数。因此,为了整理这些纷繁复杂的功能,人们定义了有限的功能类别来建立秩序。例如,基本功能包括运输、转换、储存、检索、创造和销毁、连接和分离。这种分类法认为,每个技术人工物的功能都可以根据这些基本功能的组合来分析。例如,咖啡豆研磨机具有以下基本功能:储存咖啡豆、将咖啡豆研磨成咖啡粉、储存咖啡粉、提取咖啡粉、将电能从电网传输到设备、将电能转化为机械能,以及转换信息(按下"开"按钮,这一信息被转换为连接电路以使电机启动)。我们可以用自己的符号来表示每个功能类别,从而对设备进行图解。乍一看,这种描述方式似乎相当清晰明确,然而其实用性却令人怀疑。迄今为止,设计师们对这种描述方式并未展现出太大的兴趣。

荷兰哲学家赫尔曼·杜伊维尔(Herman Dooyeweerd)在其哲学著作中提出了另一种区分不同类型功能的方法。他提出了**限定功能**(qualifying function)的概念,这一概念揭示了人工物的主要用途或功能。例如,钞票的限定功能是经济功能,即钞票主要是指具有经济功能的人工物。为了说明限定功能的多样性,杜伊维尔对现实的15个方面进行了定义,以帮助人们深入理解限定功能的内涵。这些方面包括但不限于象征性、经济性、法律性、社会性和信任(这里指的是信仰,不一定是宗教)等维度。以硬币为例,对于大多数硬币来说,其限定功能与经济方面有关。然而,在特定情境下,如决定市长当选人的投票中使用的那枚硬币则具有法律限定功能。再如,古代用于支付耶路撒冷(Jerusalem)圣殿供奉费用的舍客勒(shekels)承载着信任的限定功能(它们不能在圣殿外进行买卖使用)。在派对游戏中使用的假硬币具有社会的限定功能。对设计师来说,了解人工物的限定功能至关重要。将一枚硬币纯粹用于聚会游戏还是将其作为官方货币使用,将对其产生截然不同的影响。

以下是关于现实的15个方面:
- 数值方面
- 空间方面
- 运动学方面
- 物理方面
- 生物方面
- 心理方面
- 逻辑方面
- 发展方面

- 象征方面
- 社会方面
- 经济方面
- 美学方面
- 法律方面
- 伦理方面
- 信任方面

杜伊维尔提出的另一个可用于描述技术人工物物理性质的哲学概念是**主体和客体功能**(subject and object functions)。在他看来,任何人工物在各个方面都可以作为客体存在。比如,当它被出售时,它在经济方面充当客体的角色。当它因美观而受到赞赏时,它在美学方面充当客体的角色。同样,人工物也可以作为主体存在,但这并不适用于所有方面。具体而言,它可以在物理方面充当主体,因为它可以自主发挥物理功能。但它不能在经济方面充当主体,因为它不能自主进行买卖,只能被买卖。机械设备在物理方面具有最高层次的主体功能;生物技术设备则在生物方面具有最高层次的主体功能。这两者的差异可能是至关重要的:如果设备的最高主体功能在物理方面,则它需要的是维护;如果生物方面占据主导地位,那么它需要的是精心照料。照料与维护是两个截然不同的概念,任何一位用心的农民都可以辨别出两者之间的差异。

为了说明杜伊维尔的概念对我们理解人工物的性质的作用,表2.1将计算机的各组成部分(话筒、显示器、集成电路或生物芯片、驱动硬盘的电动机)和其他一些对象(石头、雕塑、螺丝刀和椅子)进行了比较分析。

在探讨人工物及其功能时,另一个问题是如何区分技术人工物和艺术中的人工物。简单地认为艺术中的人工物没有实际用途或功能的观点显然过于狭隘。用于装饰的艺术人工物其实也具有实际用途或功能,且其功能与技术人工物的功能并无不同。迪珀特指出,虽然人们可能难以将伦勃朗(Rembrandt)的绘画或米开朗基罗(Michelangelo)的雕塑视为"被使用"的对象,但这并不意味着艺术人工物没有功能。在迪珀特看来,艺术中的人工物仅仅具有交流表达的功能,但在实际情境中,这种区分并不总是那么清晰。

表2.1 从不同类型的功能来分析各种对象的客体限定功能和最高层次的主体功能

对象	限定功能	主体功能
石头（自然界）[a]	物理	物理
水晶石,用作家居装饰[b]	美学	物理
雕塑[c]	美学	物理
螺丝刀[c]	发展	物理
椅子[c]	社会	物理
钞票[c]	经济	物理
话筒	心理	物理
显示器	象征	物理
硅基集成电路	逻辑	物理
生物芯片	逻辑	生物
电动机	运动学	物理
野生植物	生物	生物
温室植物	美学	生物
生物工程植物	美学	生物
人工植物	美学	物理

[a] 迪珀特所说的自然物体

[b] 迪珀特所说的最初的工具

[c] 迪珀特所说的工具,如果它还显示了有关其功能的信息,那么它就是一个人工物

2.3 技术人工物作为系统

大多数人工物由多个部件组成。这些部件必须协同工作才能使整个人工物发挥功能,这一观点催生了**系统**(systems)的概念。简而言之,系统是一组**协同工作**(work together)的部件。例如,一把剪刀就是由两个协同工作的部件组成的系统。一架飞机则更为

复杂，它是由无数协同工作的部件组成的系统。尽管两者都可以称为系统，但它们之间存在着显著的差异。对于飞机这样的复杂系统而言，系统的概念对设计师来说更有意义。设计师不仅需要在整个系统层面和各个部件层面开展工作，而且还需要定义子系统（如飞机的动力系统）和次级子系统（如机舱照明动力系统）等中间层次。系统中各部分之间的连接方式实际上属于该系统的"物理性质"。

除了通过探究系统内部各部件如何协同工作来理解技术系统外，还可以通过另一种方式来理解技术系统，即将其视为由**输入**（input）、**过程**（process）和**输出**（output）组成的系统。这种概念化的方式属于系统的"功能性质"，因为它揭示了系统所带来的状态变化（这正是功能的本质所在）。在德国有关系统的文献中，输入和输出通常被划分为三大要素：**物质**（matter）、**能量**（energy）和**信息**（information）。以洗衣机为例，它是一件人工物，接受脏衣物、清水、洗涤剂（这些属于物质）、电能（能量），以及通过选择洗涤程序给出洗涤指示（信息）。洗衣机的输出包括干净的衣物、含有溶解洗涤剂的脏水（这些属于物质）、热量和机械运动（能量），以及指示程序已经终止的信号（信息）。处理过程则涵盖了加热水、混合水和洗涤剂、旋转滚筒等一系列操作。在设计过程中，设计师通常会先考虑所需的输出（例如，衣物应清洗到何种程度），然后思考如何提供便捷的输入方式（例如，怎样放入衣物和洗涤剂），最后设计一个处理过程（通过系统的某种物理性质来实现），该过程将便捷的输入转换为所需的输出（即实现预期的功能）。

在技术哲学的发展历程中，将技术人工物视为系统的研究方法曾在某段时期占据主导地位。特别是在控制论（控制科学）的背景下，系统的概念被认为是非常合适的。第5章在探讨技术在社会中的作用时，将再次讨论这种系统方法。目前，我们只需注意，**反馈**（feedback）概念是系统理论中的一个关键要素。工程师将其分为正反馈和负反馈。正反馈意味着输出的变化因反馈作用而得到加强。举一个简单的非技术性例子。当我感到胃疼时，这种疼痛会让我感到担忧，而这种担忧的情绪反过来又会增加我的疼痛感。正反馈有时可能会导致灾难性后果。例如，在核裂变反应堆中，温度升高会导致反应速率加快，从而导致温度进一步升高，形成恶性循环，最终可能引发反应堆爆炸。负反馈意味着输出的变化被抵消。以恒温器为例，当温度升高到一定程度时，加热器会自动关闭，从而使温度降低；当温度降到一定水平后，加热器又会再次打开，如此循环往复，最终形成动态平衡。

2.4 技术人工物的教与学

在第2~6章每章的结尾部分,我们将就哲学反思对教学的影响进行初步探讨。这些探讨都是初步的和表面的。在第8、9、10章中,我们将更系统地探讨这些影响。第2~6章结尾部分的内容旨在不断提醒我们:进行哲学反思的目的是支持技术的教学工作。

本章将技术作为人工物进行探讨。人工物在技术的教与学中发挥着重要作用。第7章将会对此进行更详细地阐述。拆解人工物,研究其构造、组成材料以及潜在功能,可以有效激发学生的探索兴趣。深入理解人工物,需要认识到人工物是按照其物理性质适应其功能性质的方式设计的,且人工物的功能实现将这两种性质联系在一起。以古代器具的教与学为例,通过仔细研究器具的形状和材料,学生可以推测其可能的用途,但这并不是一件容易的事。众所周知,华盛顿特区著名的史密森尼博物馆收藏了一些功能尚不明确的人工物,甚至不知道该功能是否主要是象征性的。不过,对于许多人工物而言,我们仍有可能对其功能做出精妙的推测。

"系统"的概念可以成为教授人工物的一个强有力的教育"工具",即使在工程师设计此类人工物时可能不会使用它(至少不会明确地使用)的情况下也是如此。通过绘制人工物的系统图,展示其组成部分(子系统)以及它们之间的连接方式,学生可以初步认识人工物的物理性质和功能性质。当然,这种方法并不适合所有阶段的教育,因为其要求学生具备一定程度的抽象思维。

第3章
技术知识

我们在上一章中讨论过,知识在生产人工物的过程中扮演着重要角色。长久以来,技术知识的性质颇受争议。一些哲学家认为,工程师所使用的知识在很大程度上源于科学。这一观点通常以"技术是应用科学"的论述来呈现。然而,也有一部分哲学家认为,技术有着自己独立的知识体系且具有不同于科学的性质。随着对"技术是应用科学"这一观点的批判声越来越多,对"技术具有自己独立的知识体系"的支持声也越来越大。如今,大多数哲学家都认可工程师所掌握的部分知识与科学家所掌握的知识性质完全不同。那么,两者到底有何差异?在本章中,我们将尝试对此问题进行初步探讨。因为大多数文献都集中在工程师的知识上,所以在本章中,我们也将主要使用"工程"这一术语。但是,正如第1章所述,该术语仅用于区分那些创造技术的专业人员和所有参与了根据人类需求改造自然的人员。用户也可以说具有技术知识,只是他们的知识类型较少。为了全面了解技术知识的各种类型,我们描述了工程师的知识,并假定用户所具备的知识是工程师知识的一个子群。

3.1 什么是知识?

我们在第1章中讨论过,认识论是哲学的一个子领域,它关注知识问题。在该领域中,大多数争议围绕着以下论述展开:**知识是经过证实的真信念**(justified true belief)。

争论的焦点是这一简短论述在多大程度上符合或不符合人们对知识的期望。首先,让我们来理解一下它的含义。

上述简短论述可以更加正式地表述为:当满足以下条件时,我们说一个人知道p(命题)为真:

(1) 该人相信p是真的;

(2) 该人找到了证据来证实p是真的;

(3) p本身就是真的。

命题是关于某事的陈述内容。"今天下雨"是一个命题,"明天会下雨"也是一个命题。由于命题是陈述的内容,因此英语中的命题"it rains"(下雨了)被认为与法语中的命题"il pluit"(下雨了)或德语中的命题"es regnet"(下雨了)在本质上是一致的。工程师会在日常工作中使用大量命题,例如"铸铁的刚度是……"或"为了防雨,车身需要涂层"。那么,我们什么时候能说工程师已经"知道"这些事?首先,工程师必须相信这些事是真实的。如果说工程师自己都不相信,那又怎么能说他已经"知道"这些事呢?其次,工程师必须找到某一正当理由来证实这些事。该正当理由可能是他/她在专业期刊上读到的,抑或是他/她在专业培训中习得的,也可能是经验所得。最后,该陈述必须本身就是真实的。作出"现在是3点"的陈述是因为确信现在是3点,并且已经通过观察时钟找到了证据,但我们仍然不认为"现在是3点"是"知识",因为可能存在时钟出现故障而现在其实是4点的情况。但如果恰好看了时钟,而现在确实是3点呢?即使三个条件都完全满足,仍然不能称之为"知识"。该案例表明,知识的原始定义不够准确。随着时间的推移,许多哲学家试图通过增加更多条件来"修补"这一定义,但迄今为止,还没有一个被普遍接受的定义,甚至有些哲学家提出,要摒弃"知识是经过证实的真信念"这一观点。

阿尔文·普兰丁格(Alvin Plantinga)提出了另一个关于"知识"的有趣定义,他所使用的术语似乎直接来源于技术领域。根据他的观点,"知识"可以被定义为:

(1) 一个人相信p是真的(这与知识"传统上的"定义相一致);

(2) 此人的信念是认知能力正常运作的结果(也就是说,认知能力按照设计计划运作);

(3) 此人的认知能力在适合其正常运作的环境中发挥作用;

(4) 此人的认知能力以追求真理为目标(而不是仅仅相信个人想要相信的东西);

(5) 认知能力的设计计划是一个好的计划;

(6) p本身就是真的(请注意,这与知识"传统上的"定义中的第三个条件相同)。

条件2~5是普兰丁格所提出的"**保证**"(warrant)。普兰丁格提出这种复杂定义的主要动机是:他相信知识的坚实基础从来不仅仅存在于认知者自身,而是必须在其外部寻求。仅仅在认知者和他履行寻找合理依据的责任中寻求这种基础是不够的。知识必须通过观察认知者的领悟能力是否发挥作用并符合其目的,来"从外部"确立。普兰丁格选择了一种可以被称为"**外在主义**"(externalist)而非"**内在主义**"(internalist)的方法。值得注意的是,普兰丁格使用了至少两个在技术领域中起重要作用的术语:**正常运作**(proper function)和**设计计划**(design plan)。第一个术语已经在第2章进行了讨论(第2章中翻译为常规功能),第二个术语将在第4章中探讨。

3.2 技术知识

无论对知识的定义"知识是经过证实的真信念"增加何种额外条件,都不太适合以此来定义技术知识。这背后的原因有很多。首先,有些技术知识无法在命题中正确表达。例如,木匠会说,他知道如何准确地把钉子钉在正确的地方,但他可能无法用语言来描述这一过程。他可能会这样表达:"嗯,我就是知道这一点;我不知道如何解释,但我就是知道该这么做。"吉尔伯特·赖尔(Gilbert Ryle)基于这种考虑,对**知道是什么**(knowing-that)和**知道怎样做**(knowing-how)两者间的区别进行了定义。"知道是什么"是指那些可以用命题来表述的知识,这类知识符合"知识是经过证实的真信念"的观点;而"知道怎样做"则是指那些无法用命题来表述的知识。显然,"技能"属于"知道怎样做"的范畴。

另一种无法用命题来表述的技术知识是工程师用草图和图纸表述的知识。这就是弗格森(Ferguson)所说的"心灵之眼":需要被**可视化**(visualized)的知识。草图和图纸包含了丰富的知识,这些知识无法完全用命题来表达。这种知识的表达能够反映出新手和专家之间的差异。研究表明,专家倾向于看到更大的信息模式,而新手则更关注细节。这与以下事实有关:专家已经学会了将知识组织成概念网络,而对于新手来说,尚不能将新学的概念整合到已有的知识网络中。这种差异也存在于命题性知识中。

除上述原因外,对"知识是经过证实的真信念"这一定义在技术知识领域有效性的另一个质疑是：工程师还具有关于规范的知识。**规范性**（normativity）也是功能知识的一个特征。当工程师说"我知道这是一种可用于将钉子锤入木头的装置"（可更为简单地表述为"我知道这是一把锤子"）时，这一陈述中包含了一个规范性的判断，即工程师声明了该装置适用于将钉子钉入木头。但是，如何才能说明规范是"真实"的呢？规范可以说是有效的和高效的，但不能说是真实的或虚假的，至少在**现实主义**（realist）的知识观中，规范不存在真假之说。这涉及认识论和本体论中一个非常基本的问题。在现实主义的知识观中，人们普遍认为，在人类之外存在一个可以被我们感知且能被了解的现实世界。在这种观点下，人们之所以能知道某物，是因为它（客观）存在。另一种观点则是基于这样的假设，即某种事物的存在依赖于人的主观意识，这是反现实主义的知识观。在该观点下，理论并不是指我们所观察到的现象背后的现实，而只是指我们的观察本身。在现实主义的知识观中，真理意味着知识是现实的正确反映（换句话说，它对应于现实）。而在反现实主义或工具主义的视角下，真理只是用来解释我们所观察到的事物的一种有效方式。在现实主义视角下，规范并不是指一个已经存在的现实，而是指一个不存在或尚未存在的现实。在这种情况下，知识与现实之间不存在对应关系。大多数工程师可能会自觉地或不自觉地站在现实主义的立场——因为他们对现实的参与不仅涉及观察（和科学家一样），还涉及操作。值得注意的是，现实主义与反现实主义之间讨论的描述实际上要复杂得多。然而，作为概括性的介绍，意识到人们关于认知和现实间关系的认识存在差异，以及工程师倾向于相信现实是独立于感知和知识的一种存在（至少在描述性知识方面是这样），这就足够了。当涉及规范性知识时，工程师通常会采取更为工具主义的立场，这一点将在下文中阐述。

技术知识中的规范可应用于各个方面。我们可以说："我知道这把锤子可以将钉子钉在一块木头上。"在这种情况下，该规范仅适用于某一个具体的锤子实例（即某一特定对象）。我们也可以说："我知道这个品牌的所有锤子都能将钉子钉在一块木头上。"在这种情况下，该规范便适用于某一**类型**（type）的锤子，而不是一个实例。最后，我们还可以说："所有的锤子都可以将钉子钉在一块木头上。"在这种情况下，该规范具有最广泛的应用。显然，这些命题实际上表达了不同种类的技术知识。只有积累了广泛的经验（这种经验要么是通过自身实践积累的，要么是由他人传授的），才能断言某个品牌的所有锤子都适合将钉子钉在一块木头上,而不只是说某一特定的锤子能把钉子钉在一块木头上。

最后,人们不禁会疑惑,当工程师寻求知识时,"真"是否是令其感兴趣的主要条件。也许,对于工程师而言,在寻找知识时,适当、效率和有效才是更为恰当的条件。例如,当一名土木工程师在设计一座新的桥梁时,他/她知道量子力学是关于桥梁材料和力学的正确理论,但是尝试使用量子力学是毫无意义的。相反,他/她会使用经典力学,尽管从严格意义上来说,经典力学无法确证为真,但在设计过程中使用经典力学却更为有效。在过去,设计桥梁甚至只是盲目遵循关于桥梁内部尺寸的经验法则。正如上文提到的,这类知识很难用真假来评判。

技术知识可以基于信念来解释,但这仅部分符合技术知识的本质。作为这种信念解释的替代,我们可以将某些技术知识的某些示例描述为"接受"(acceptance),而非"信念"。"接受"是一个十分重要的概念,特别是在实践推理(相较于理论推理)中。由于技术在很大程度上涉及实践推理,而接受可用于描述技术知识的本质,因此接受的概念无疑值得研究。迈克尔·布拉特曼(Michael Bratman)和帕斯卡尔·恩格尔(Pascal Engel)等哲学家将信念和接受之间的差异表述如下:

- 信念是非自愿的,而接受是自愿的。一旦你察觉到设备表面有一道裂缝,你会相信该表面确实存在裂缝。但是,接受或拒绝一条规定(例如,何时需要修复裂缝,以防止可能发生的事故),则取决于你自己的决定。
- 信念追求真理,而接受则注重实用。人们之所以相信铜可以导电,是因为这一点是真实的。然而,人们之所以接受"铜线可用于电气设备"这一规定,是出于该规则的实用性。
- 信念由证据塑造,而接受则由其他因素决定,例如谨慎。人们相信某种材料会燃烧,是因为做的相关实验为这种信念提供了证据。然而,人们接受某些规则,如不在可能出现火灾的地方使用这种材料,是出于谨慎考虑。
- 信念与情境无关,而接受则依赖于情境。无论是出国旅行还是岁月流逝,人们相信这种材料可以燃烧的信念都不会改变(当然,除非有相反的证据表明它不会燃烧)。然而,人们是否接受"在设计人工物时不使用此类材料"这一规则则取决于具体情境。有时，人们会因为在特定情况需要此类材料而接受该规则，但在其他情况下，人们可能会认为该规则没有意义而拒绝。

▶ 信念必须共同构成一个连贯的整体，而接受并不需要完全满足这一要求。如果我相信某种材料是半导体，那么我必须能够将这一信念与其他关于同一种材料的信念相联系，从而对该材料形成系统而全面的了解。但是，我可以接受有关该材料的各种规则，无需将这些规则整合就能产生有关如何处理该材料的全新规则。当然，我所接受的规则不能不一致，但也没有必要将它们整合成一条整体规则。

▶ 信念有程度之分，而接受则是"全有或全无"的问题。人们在设计和制作木制家具方面获得的经验越多，对"木材是制作家具的合适材料"的信念就会越强。然而，"木椅在交付前必须一直打磨"是人们要么遵守要么不遵守的规则。

有关规则的技术知识（即规范性知识）通常更像是一种被接受的知识，而非信念知识，这主要是因为许多技术知识都与规则紧密相关（再次体现了技术知识中普遍存在的规范性元素）。

可以说，规范性至少是部分技术知识的特征，（集体）接受性和非命题性也是技术知识的特征。稍后，我们将阐述（技术知识的）第四个特征，即情境特定性。这些特征使技术知识与科学知识有所区别。为了了解技术知识的内容，我们将探讨技术知识的不同分类方法。第一种分类方法由沃尔特·文森蒂（Walther Vincenti）在其著作《工程师知道什么以及他们是如何知道的》(What Engineers Know and How They Know It)中提出。这本书汇集了航空领域，特别是飞机设计方面的历史案例研究。文森蒂从这些案例研究中提炼出了六类技术知识：

- 基本设计概念（操作原理和常规配置）
- 设计标准和规范
- 理论工具（数学、推理、自然定律）
- 定量数据（描述性和规范性）
- 实际考量因素
- 设计工具（程序性知识）

以汽车的设计为例，我们可以清晰地理解上述所有类别。基本设计概念是指汽车设计师在脑海中迅速构想出汽车的基本形态：一个具有4个车轮、1个车身和1个发动机等元素的物体。设计师还需要明确汽车应该满足的条件，如速度要求、安全规范。该示例中的理论工具是力学定律，也包括用于设计汽车的计算机辅助设计（CAD）程序。定量数据的知识则涉及材料性能的知识。而实际的考量因素则更多基于设计师的经验，比如，设计师可能会凭直觉为汽车挑选一种大家普遍喜欢的颜色。在这个例子中，设计工具知识（或程序性知识）指的是设计汽车过程中所需的一系列操作步骤的知识。尽管这种分类方法是基于一组有限的案例，但它似乎在很大程度上涵盖了工程师可能需要面对的各种问题。

文森蒂进一步确定了各类技术知识的起源，即工程师是如何了解各类技术知识的内容的。他将工程知识的可能来源确定为科学转化、发明、理论和实验工程研究、设计实践、生产和直接试验。在其分析中，他认为科学转化的贡献非常有限。大多数知识源自其他途径，即使由科学转化而来的知识通常也需要经过一番改造，才能为工程师所用。例如，热力学中的抽象概念需要转化为更具体和实用的概念，才能在飞机设计中应用。这表明，技术不能仅仅被视为应用科学，技术所涉及的内容不仅仅是科学理论。然而，科学对技术的作用不仅仅在于提供理论，还可以对技术起到启发的作用，即有助于工程师在设计过程中识别和操控相关变量。例如，我们可以从科学中了解到哪些变量决定了物体周围的压力，进而得出哪些变量能提高飞机机翼的升力。跟直接给出这些变量如何影响升力的现成理论相比，科学在这方面所起的作用较弱，但在工程设计工作中，它仍然是非常实用的。

深入了解工程师所掌握的各类知识的另一种方法是分析人工物的双重属性。这一观点在第2章中已经探讨过。现在，我们将利用它来提出一个技术知识分类法，这种方法相较于文森蒂基于案例研究的分类法更系统、更全面。简单来说，工程师具备人工物的物理性质知识（如材料特性）、功能性质知识（如锤子或螺丝刀的功能）、物理性质与功能性质之间关系的知识（如某项材料的特性使该材料具备某种功能），以及人工物功能实现或制造过程中的知识（如用开瓶器从瓶颈拔出软木塞的步骤和顺序）。

技术知识分类法是一种非常简洁的分类法，但对于实际应用来说，显然过于简单了。因此，我们可以运用第2章提到的杜伊维尔关于现实的各个方面来对其进行扩展。由

此,我们构建了以下分类法:

1. 物理性质知识(非意向性层面,在这种情况下,人工物可以作为主体)
- 数值方面
- 空间方面
- 运动学方面
- 物理方面
- 生物方面

2. 功能性质知识(意向性层面,在这种情况下,人工物只能作为被主体赋予功能的对象)
- 心理方面
- 逻辑方面
- 发展方面
- 象征方面
- 社会方面
- 经济方面
- 美学方面
- 法律方面
- 伦理方面
- 信任方面

这种扩展后的分类法不是简单地将知识类型划分为物理和功能两个层面,而是更详细地展现了设计人工物所需知识的复杂性。在理想状态下,设计师会考虑上述所有方面的知识类型,但这种情况并不常见。工程设计的工作一般只涉及部分至关重要的方面,而其他影响不大的方面无需考虑。以计算机的设计为例,工程师需要掌握的各类知识包括:计算机只能使用0和1工作(数值方面),它占据桌子或膝盖上的一定空间(空间方面),它必须具备活动部件(运动学方面),它具有重量、硬度和强度等特性(物理方面),它本身不是生物,却必须与生物体进行交互(生物方面),它能被观看和触摸(心理方面),它的运行基于人类所制定的规则(逻辑方面),它经过了多年的发展(发展方面),人们可以使用语言与它互动(象征方面),它可以实现人们之间的联系(社会方面),它有明码标价(经济方面),它有符合人们审美的外观(美学方面),它的设计受专利保护(法律方面),在访问其所包含的数据时,涉及隐私问题(伦理方面),它使人们对技术的力量产生了强烈的信念(信任方面)。因此,在设计计算机时,需要考虑以上诸多方面的知识。

设计师在设计人工物时会运用不同方面的知识。正是由于这些知识,人工物才得以成型。可以说,这些知识已被人工物所"吸收"。使用人工物的人通过仔细观察,可能会识别出哪些知识被用于确定该人工物的形状和组成材料。然而,对于那些不具备专业知识的人来说,由于他们无法识别人工物中的知识,这些知识就变得无形,并在某种意义上通过人工物实体化。技术哲学家戴维斯·贝尔德(Davis Baird)就这一现象提出了一个特殊术语——器物知识(thing knowledge)。器物知识对技术来说是相当具体的。但在科学中,知识通常指的是现象,而不是人工物(尽管现象是蕴含在人工物中,且可以通过人工物被观察到)。

3.3 工程科学

至此可以看到,考虑知识层面时,技术与科学是不同的,因为科学和技术具有不同的目的:科学旨在发现关于现实的新知识,而技术旨在根据人们的需求和欲望来改变现实。这种差异会对科学和技术两个领域的知识产生影响。除了已经了解的差别外,我们还可以说,科学工作通过**抽象化**(abstraction)和**理想化**(idealization)的方式使得现实更符合数学描述。物理学家可以用简单的公式将一个下落的物体描述为线性加速运动,他会把所有非物理的方面抽象出来(例如,他不会区分下落的物体是没有生命的石头还是一只猫),并将其认为在没有摩擦的空气中发生(当然,这是理想化的)。另一方面,根据定义,技术必须处理**具体**(concrete)的现实及现实中包含的各种**复杂**(complexity)问题。还有一个区别是,科学知识具有**普遍性**(universal):不论处于地球、月球、水中还是空气中,重力的公式都是相同的(只是在不同的情况下,重力系数不同)。技术知识通常更加**具体**(specific):它与某种特定的情况有关,但并不适用于所有情况。然而,随着时间的推移,科学和技术之间的关系不断发展变化,对两者都产生了影响:科学通过技术设备(如测量设备)的应用发生了巨变,技术也受到科学方法论的影响。如今,工程师也会通过抽象化和理想化的方式解决实际问题(尽管在某个时刻,他们还是要回到具体和非理想的状态下)。可以说,技术在方法上更加科学化了。有时这种趋势体现在过程的最终成果上。大规模生产和标准化制造出完全相同的产品,因此和科学知识类似,这些产品也具有普遍性的特征。例如,无论你是在阿姆斯特丹、巴黎、华盛顿特区,还是在香港,一个巨无霸汉堡看起来是一样的,吃起来也是一样的。

科学对技术的影响催生了一门新的科学学科——**工程科学**(engineering sciences)。在工程科学中,超越个别技术问题的知识得以发展并运用于更广泛的问题,这使工程科学与其他大部分学科相比,具有特殊的性质。首先,一些学科是**制定法则的**(nomo-thetic),也就是说,它们致力于阐述适用于任何空间和时间的普遍规律。自然科学就属于这类学科。另一些学科是**描述特征的**(ideo-graphic),也就是说,它们注重描述特殊性而非普遍性。工程科学似乎介于两者之间。一方面,工程科学寻求超越具体设计问题的规律和规则;另一方面,工程科学不应该脱离实际情况太多,追求过高程度的普遍性就会导致脱离实际情况。区分不同学科类型的标准还有一个,但工程科学似乎也不符合。一些学科试图解释因果关系,而另外一些学科则试图解释人们的意图及其影响。自然科学属于前一种类型。在自然科学中,即便研究与人和没有生命的物质相关的现象,也不会考虑人的意图。这种方法一度在心理学领域非常流行,即把人看作会对某些刺激产生一定反应的"物"。如今,这种方法已经过时(至少被大多数心理学家摒弃),心理学已被视为一门应当考虑人的意图的学科。工程科学似乎又很难被归入这两种类型的任何一种。一方面,工程科学中经常研究因果关系,比如检验材料的属性;另一方面,人的意图(如客户的需求)在工程科学中也很重要,特别是涉及设计活动时。因此很明显,工程科学具有独特的性质,的确不同于其他类型的学科。

虽然工程科学可能不太符合一般意义上的学科类型(制定法则或是描述特征,与因果关系或者意图有关),但我们要接受它是一门真正的学科,因此我们认为工程科学中知识的演进方式应该与其他学科知识的演进方式相类似。在科学哲学中,已经研究过科学知识发展的方式,也已经发现其他学科中科学知识发展的模式。由于工程学科中科学知识的发展很可能与其他学科中科学知识的发展规律相似,因此,如果人们想了解工程科学是如何运作的,那么探索在科学哲学中已经获得的关于科学知识发展的见解是有意义的。

获得科学知识的方法不胜枚举。这些方法的差异与人们接受什么东西作为科学知识有关。第一种是**实证主义法**(positivist approach),即只有被客观观察到的才被视为科学知识。除此之外,诸如对观察到的现象提出因果关系的假说,则是形而上学的推断。实证主义法允许使用数学和逻辑,不过只允许组合观察到的事实,以更简练的方式表达出来(如用简单的数学表达式代替冗长的观察表)。此种方法同样可见于工程科学中。工程师使用的厚厚的手册中包含了很多冗长的表格,上面记录了各种观察和测量的数据。建筑工程师在建造木质房屋时通过此手册就可以查询各种木材的数据。在这种情况下,就没有必要去寻找因果关系,表格和数据足以满足工程师的需要。

但工程师们需要的不仅仅是附有表格的手册。在很多情况下,有关因果关系的想法对解决工程问题至关重要,这时候实证主义法就失效了。严格来讲,实证主义者不可以对未被观察到的情况下结论。在这样的条件下,工程师需要另寻方法。**经验性演绎法**(empirical-deductive approach)不失为一个适宜的选择,即首先提出假设,然后从假设中得到(演绎)某个经验实验的结果应该是怎样的,然后进行实验以检验假设。只要实验结果与假设不冲突,该假设就可以作为某一现象的一个解释,并用来预测在某种情况下会发生什么。通过这种方式,工程科学领域生成了大量的知识并用于预测,比如预测一项设计能否按照标准和技术参数发挥作用。20世纪著名的科学哲学家卡尔·波普尔(Karl Popper)认为,一个假说属于科学的条件是**可被证伪**(falsifiable)。换言之,应该能设计出一个实验,其实验结果之一是假设一定能被驳回。波普尔以"森林中的天鹅"为例来解释这一观点。就可证伪性来说,假说"这片森林里只有白天鹅"是成立的,因为可以想出一个实验结果之一是假设不成立的实验,即进入森林并检查每只天鹅的颜色,那么就有可能遇到一只黑天鹅,这将导致抛弃原假说或用一个新的假说来代替原假说:这片森林里的天鹅要么是白色的要么是黑色的。就可证伪性来说,这个假说也是成立的,且相比前一个假说,它显然是进步了。对波普尔来说,不满足可被证伪条件的假设包含了太多绝不会被放弃的教条,虽然其中有事实。了解过占星术的读者会对此很熟悉:占星术里的说辞听起来总归可以为真。因此,这些说法的预测价值几乎为零,这也是对不可证伪假说的又一反对理由。工程领域常常需要检验假说。实际上,每个设计或原型都可以被视为一种假说:设计师希望设计能够实现预设的功能,并且这个"理论"可以通过试验设计或原型的效果来验证。如果设计或原型有效,那"假说"就可以维持。如果设计不起作用,那设计师将不得不提出一个新的"假说",即一个新的设计或原型。然而,在(自然)科学和工程中使用这种方法是有区别的。在科学中,假设总是要经过新的检验,因为科学家永远不能确定是否忽略了某个检验,而这一检验正是能证伪假设的。相反,在工程领域,一旦设计被证实了在设计的环境中能够发挥作用,就有理由完成检验。这揭示了科学和工程在方法上的差异:科学家是**问题导向的**(problem-oriented)(他们想要不断地探究问题),而工程师则是**解决方案导向的**(sdution-oriented)(一旦找到了令人满意的解决方案,工程师便对这个问题不再感兴趣)。

在实践中,人们并非一出现反证就放弃假说。另一位著名的科学哲学家托马斯·库恩(Thomas Kuhn)(尽管很多人称他为科学社会学家)以19世纪末的经典力学为例,对此进行了解释。当时,经典力学已被证明是一个强大的理论,可以用来解释许多现象,出于这个原因,即使人们发现存在非常小且快速运动的粒子,而这一事实与经典力学相矛盾,也没有轻易放弃经典力学。但是到了某一个时刻,这种事实的数量多到足以使整个科学界从经典力学转向相对论力学和量子力学。库恩把这称为从一个**范式**(paradigm)(如经典力学)到另一个范式(如相对论力学和/或量子力学)的革命。在两次革命之间有一段相当稳定的时期,就是库恩所说的**常规科学**(normal science)。根据库恩的说法,这种转变主要是社会因素所导致的结果(如谁最有影响力)。但伊姆雷·拉卡托斯(Imre Lakatos)并不认同这一观点,他认为从一个范式向另一个范式的转变是有充分理由的。他提出了将理论视为研究项目的观点,即对一个理论的评估要基于它的成果(要么该理论带来了新的知识和理论,要么该理论的应用效果很好)。在工程科学中,这意味着一个理论可在其应用的基础上进行评估:如果应用了该理论的设计成立,则该理论成立。

在工程科学中可以找到范式和革命吗?是的,确实有。我们可通过建筑学中关于建筑设计的主流理论加以阐明。建筑设计的每一个发展时期,都可以看成某种风格(如哥特式、巴洛克式、新古典主义、后现代主义)被视为一种不可轻易摒弃的范式的时期。但在相对较短的时间内的某个时间点,"建筑师世界"作为一个整体,从一个范式转变成下一个范式。在其他领域,也可以找到范式。爱德华·康斯坦特(Edward Constant)研究了涡轮喷气发动机的发展史,并从研究资料中得出,与现有发动机类型相比,这也可以看作一种范式转变。我们可以这样认证:技术发展与科学高度相似——都会经历一个漫长的**常规工程学**(normal engineering)时期(类似"常规科学"),而后在较短的时间内,整个工程界将转向一个新的(技术)范式,这一变革过程可称之为技术革命。革命完成后,一个基于新范式的"常规工程"时期便随之开启。

最终,保罗·费耶阿本德(Paul Feyerabend)提出了一种更为宽松的方法。他主张在科学知识的发展中"一切皆有可能"(anything goes)的观点。保罗·费耶阿本德不相信任何"唯一"的科学方法。他认为无序才是产生新的科学见解的最佳途径。这一点在工程学中也有所体现。文森蒂在有关工程师知识来源的论述中提出,工程学知识的获取途径相当宽泛,即使是设计和制造人工物的偶然经验,也比从科学中转化而来的知识更有助于扩大工程学知识类别的范围。科学研究问题往往比技术问题表达得更明确。很多时候,科学家需要对所研究变量之间的关系有很清晰的认识,而工程师往往面临着更多开放式和未定义的问题。因此,费耶阿本德的策略对工程师很有吸引力,即使他们可能从未听说过这种策略。

工程科学与其他科学的共同点之一是模型和类比的使用。在工程科学中,针对不同目的存在不同类型的模型。一般来说,模型是对现实(真实的人工物或真实现象)的反映,它具备实物的某些特征,但在其他特征上进行了调整。例如,一个高层建筑的模型具有与真实建筑相同的形状,但尺寸缩小了。在这种情况下,建模的目的是对建筑进行经验性的检验。比如,对建筑物周围风的模式进行检验。这并不是测量真实建筑周围的风,而是制作建筑物的比例模型并把其放在风洞里。但实验必须考虑到,改变建筑模型的尺寸也许会改变其他属性,而其中一些属性可能会影响模型实验结果在真实情境中的有效性。因为比例模型的尺寸发生变化的同时,其表面积或体积的比例也会随之变化。这一特性可能对某些实验的结果解释至关重要。在使用模型时,必须时刻谨记:模型仅在某些方面与现实存在对应关系。以下是不同类型的类比:

• 形状类比(shape analogies):模型城市的形状与尚未建好的真实城市区域的形状相同;

- **结构类比**(structural analogies)：电子显微镜的结构与光学显微镜的结构类似（在相似的设置下有一组类似的镜头）；
- **功能类比**(functional analogies)：电路中的开关与水回路中的水龙头具有相同的功能；
- **形式类比**(formal analogies)：两个物体之间的引力公式类似于两个电荷之间电场力的公式。

必须小心谨慎地对待类比的不同类型，不要弄混。20世纪40年代，研究人员发明了晶体管，并萌生了在固态材料中仿造电子三极管结构（一个阴极、一个阳极以及一个中间的栅极）的想法。他们期望这种形状类比也会伴随着功能类比（固态阴极、阳极和栅极会像电子三极管中的阴极、阳极和栅极一样运转）。但最终这个想法被证伪了，他们研制的固态电子三极管并没有像预期的那样发挥作用。由于对材料内部发生了什么缺乏了解，他们无法将该装置微型化。这个案例表明，对不同类型的类比应该有不同的处理方式。

类比可以用来构建不同类型的模型：
- **实体模型**(physical models)：采用实体材料制作的物理仿真模型，如风洞试验用的微型飞机模型；
- **图形模型**(graphical models)：通过图示表征对象，如建筑物平面图、电路原理图；
- **数值模型**(numerical models)：基于数学方法的量化分析模型，如用于计算材料应力等参数的有限元分析模型(Finite Element Method)。

模型在工程学中有不同的用途。有的模型可用来发展理论或开发设计。模型的简化功能有助于设计师把握设计问题。为了更好地描述实物的部分特征，模型忽略了实物的另一些特征。因为进行了一些省略，所以模型总是被看作对现实世界情况的一种**简化**(reduction)。还有一些模型被用于检验理论或设计，为现实世界情况下无法实施的实验（比如因为实物太大或者太小而无法进行检验）提供了实验的可能。模型的使用凸显了工程科学中的矛盾关系：一方面，理想化和抽象化是开发、检验理论与设计的重要手段；另一方面，工程师需要具备具体和精确的知识，因为最终在工程中处理的是极其复杂的现实问题。

3.4 技术知识的转化与整合

技术的特点之一是它涉及多个完全不同的知识领域。设计问题不仅需要具备技术数据的相关知识,还需要了解客户需求、法律规定、可用资金,以及许多其他方面的知识。杜伊维尔的启发式分析(the Dooyeweerd-inspired analysis)包含了15个不同方面的知识,其中每一个方面都是一门独立的科学学科。数学涉及数值和空间方面,物理学涉及运动学和物理方面,生物学涉及生物方面,以此类推。如果技术工作需要用到所有方面的知识,那就意味着技术要涉及各类科学学科。在分析技术知识时,我们假定工程师对这些方面的知识都有一定的了解,但这种了解相对有限,远不及那些从事非技术学科的科学家的专业水平。因此,工程师必须"借用"[或者更正式地说,是**转化**(transfer)]其他学科的知识,并将其与自己的知识进行**整合**(integrate)。文森蒂已经证明,科学知识的转化是一个过程。在这个过程中,知识往往需要经过一番改造,才能为工程师所用。其他学科的知识转化亦是如此。

不同学科的知识有不同的整合层次。玛格丽特·博登(Margaret Boden)提出了一个关于跨学科知识整合的分类法,确定了下面几个**跨学科**(interdisciplinarity)的层次:

(1)百科全书式知识整合:包含各类学科知识,但研究人员不一定会运用这些知识(例如将一所大学作为一个整体)。

(2)背景化知识整合:研究人员在教学和确定研究目标时,会在一定程度上考虑其他学科,但没有积极地开展研究合作。

(3)共享式知识整合:来自不同学科的研究人员合作探究同一个复杂的问题,但合作的紧密度尚未达到日常合作的程度。

(4)合作式知识整合:来自不同学科的研究人员为了一个共同的目标而积极协作。

(5)归纳式知识整合:来自不同学科的研究人员分享共同的理论观点,并将这些观点应用于各自的学科中。

(6)融合式知识整合:一个学科的概念和见解有助于另一个学科的研究,反之亦然。

显然,这些层次的定义方式取决于人类作为知识承载者,进行合作或不合作的程度。事实上,这是从**社会认识论**(social epistemology)的角度来探讨知识整合的问题。这种方法的流行,在一定程度上是由于从知识角度定义一门**学科**(discipline)存在一定困难。虽然研究者在这方面已经做出了一些努力。比如,有人在定义物理学时,把力学、光学、热力学、电动力学等一系列学说整合在一起,统称为"物理学"。但还是会出现不能将新的理论归属于这些子领域的情况。因此,很难按照这种定义学科的方式来判断某个学说是否归属于物理学。另一种策略是从研究方法的角度来定义学科,但这同样存在争议。谁能准确地指出物理学与生物学的研究方法有何不同呢?然而,在大学阶段,这是两门不同的学科(你只能学习其中一门学科,不能同时学习两门学科)。由于以上困难,人们现在倾向于从社会认同的角度来定义学科:当一群研究人员以某一学科命名自己(如"经济学家"),并建立了相关的国际期刊和学术会议,以及拥有以其命名的院系或部门时,这一学科便被视为正式存在。博登提出的识别跨学科层次的方法,正好与这种界定方法相契合。

技术领域也存在着不同层次的整合。有的技术开发仅需要一个小型的专业团队即可完成,而其他更复杂的技术开发则需要来自多个学科的大型专业团队的紧密合作。例如,当设计一种具有某一特性的新化学物质时,主要基于新化学物质的分子结构,所需的知识主要集中在化学工程领域;而当工程师团队设计一座用于大规模生产这种化学物质的工厂时,情况就大不相同了。在第一个过程中,研究人员主要需要具备化学工程知识,而对于第二个过程,工程师必须考虑安全规范、成本、环境法规和许多其他技术和社会因素,这些都需要不同学科的专业知识。"较弱的"跨学科形式,即每个单独的学科之间互不影响,也可称为**多学科性**(multidisciplinarity),因为它更多地关注不同学科之间的并列和协作,而不是形成一个新的、位于现有学科之间的知识领域。

3.5 技术知识的教学

科学知识和技术知识之间的差异无疑会对技术知识的教授产生影响。在本节中,我们将探讨科学知识和技术知识之间的差异可能会引发哪些后果。

首先,我们必须认识到,并非所有的技术知识都可以通过向学习者呈现命题(例如,在教科书中或口头指导时)来教授。如前文所述,部分技术知识无法用命题来表述。这些知识必须采用不同的方式来教授和学习。"做中学"或许是教授这类知识最好的方法之一。这正是中世纪行会中学徒和师傅之间的关系,即师傅通过示范来教授技能,观察学徒模仿的情况,并在学徒完全掌握这项技能前不断纠正其错误。至少有一部分技术知识的教授和学习必须以这种方式完成。对于无法用命题充分表述的知识,教科书并非教授与学习这类知识的可行选择。此时,图片可以起到辅助作用。图片不是命题,但在口头教学和示范技能的过程中,它们可以成为有效的补充。

其次,我们已经认识到,规范性是技术知识的内在要素。技术知识的这一特点应该反映在技术的教与学中,即技术知识的教学需要一直伴随着判断和评估。技术知识并不以研究事物的本质为目标,而是就事物提出规范性的观点。学生不仅要学习某种设备是什么,还要学习它应该是什么样子,以及可能发生什么故障。学生不仅要学习材料的特性(如安全性、耐用性),还要了解哪种特性使该材料具备某种用途。尽管技术知识中的大部分规范性初看之下并不直接具有伦理特征,但当人们追溯其所使用规范的起源时,就能看到其伦理性。我们所说的"好"车,可能仅仅是一种纯粹的功能特征描述。但如果与其他类似的汽车相比,这辆车会造成更严重的环境破坏,那么环境保护组织的成员就会拒绝作出如此评价。由此,我们比最初预想的更接近伦理问题了。因此,从事技术教学的人不应在教学过程中回避规范性问题。有人反对这一观点,并指出教学中不应该存在伦理灌输。但规范性教学并不意味着灌输。本书的第6章将详细讨论这个问题。

最后,由于技术是跨学科的,一些教育学家认为技术不应作为一门独立的学科或课程来教授和学习。但这与事实不相符,即技术知识具有独特的性质,而且存在完善、成熟的工程学科。技术的发展需要不同学科的知识,技术的教授和学习需要与其他学科的教授和学习保持连贯性和合作性。在小学阶段的教育中,不同学科之间并没有太多区别,教授和学习是一个整体过程。在中学阶段的教育中,各学科之间的界限更加清晰,学科之间的合作是非常必要的,以确保技术知识不是与其他类型的知识分割教学。在高等阶段的教育中,技术的教授和学习高度专业化,但有一个明显的趋势,即工程项目包含社会元素。未来的工程师不仅要具备技术领域的知识,还要具备非技术领域(例如,人文、社会和经济)的知识。项目工作通常被用来整合技术和非技术层面的内容。

第 4 章
技 术 过 程

技术意味着活动。从技术不断发展的事实中很容易得出这个结论。如果技术是静态的,那么它就不会有活动的特性。但人们能在技术中找到什么样的活动和过程呢? 儿童可能首先会想到制作东西。研究表明,他们很难将技术与设计联系起来。但是在技术哲学中,设计和制作两者都是技术必不可少的活动,这一点毋庸置疑。此外,还有技术的使用,其中包括欣赏和评估。如何描述这些活动的特性? 所有的设计和制作都是技术,还是只有特定种类的设计和制作在本质上才具有技术性? 本章将重点讨论这些问题。

4.1 设计过程

一般来说,技术过程可以是**设计**(design)过程、**制造**(making)过程,以及**使用和评估**(using and assessing)技术的过程。为了反思设计过程,一门独立的学科应运而生,即**设计方法论**(design methodology)。这门学科的基础并不总是哲学上的反思,而通常是实践者围绕自己和他人的实践进行反思。然而对哲学的关注逐渐在设计方法论中获得了一席之地。著名的设计方法学家奈杰尔·克罗斯(Nigel Cross)描述了设计方法论领域的发展,以及关于设计过程中许多不同的思考方式是如何随着时间推移而出现的。

尤其是在设计方法论的早期,人们期望所有设计过程都可以遵循一个共同的**规定性指令**(prescription)。利用这样的指令,所有设计师不管设计什么,无论是房子、巨型喷气式飞机还是核电站,都可以成功。这个指令大体包括分析、综合与评估三个阶段。在分析阶段,对设计问题进行分析,并生成一个需求列表。在综合阶段,提出设计问题的解决方案,最好可以提出多个方案以便选出最优解。在评估阶段,根据需求列表中所述的标准评估所选的设计方案。这些基本阶段被详细地描述为各类流程图。其中一些流程甚至获得了技术规范的地位(例如德国的DIN标准)。有些方案是线性的,以表现理想的设计过程并且按照"各个阶段将逐个执行"这样的预想来实施;有些方案具备反馈回路,允许在流程图中前后移动;还有一些方案强调设计过程中的决策点,或强调在每个阶段都能发现信息,或强调每个阶段的结果。尽管这些差异使得各种方案看起来大不相同,但不难发现它们都具有分析、综合和评估这三大基本要素。基于此,许多设计方法和工具得以开发。其中一些方法是相当结构化的,例如**形态学**(morphology)方法。这种方法首先描述设计的主要功能,然后列出每个功能对应的各种解决方案,再考虑部分解决方案的各种组合,并从中选出整体问题的最优解决方案。还有一些结构性不强的方法,譬如**类比设计法**(synectic),其目的是将设计师的想法带到完全不同的情境中,希望借此创造机会提出革命性的新想法。就设计过程整体的流程图方案而言,人们期望不论设计什么,都可以使用这样的方法。

  随着时间的推移,人们发现期望所有设计过程都适配这种方法的想法过于简单化。人们逐渐意识到,设计汽车可能与设计新的集成电路不太一样。设计方法学家意识到,在为两个设计过程设计一个通用的流程图之前,也许有必要考虑两个设计问题之所以不同的原因。换言之,在针对问题解决的过程提出规定性指令之前,必须对设计问题的类型进行**描述**(description)。这里有几个变量,例如:问题陈述为寻求解决方案的方向提供了多大程度的开放性;常规的设计工具在多大程度上可供使用;什么情况下设计师必须补充新的设计要求,这些要求并不会体现在问题陈述中,但解决问题时需要考虑。显然,设计问题不同于科学问题,因为设计问题通常界定得不是很明确。一个科学问题通常可以描述为确定两个或多个变量之间的关系。解决科学问题可能并不容易,甚至极具挑战性,但挑战是什么非常清晰。在设计问题上,挑战是什么通常不太清晰。出于这个方面的原因,设计问题有时被称为"棘手"的问题。用一个更为正式的术语来说,就是设计问题是**欠定的**(underdetermined)。

  设计方法论的下一发展阶段是**观察法**(observation)的日渐兴盛,即观察设计者在处理设计问题时的实际做法。由此产生了多种观察方法。参与性观察是一种非常直接的方法：作为设计团队的一员，设计方法学家观察所发生的事情。一种不太直接的观察方法是让设计师离开常规的背景，置身实验室的情境。随后，设计师将解决一个"人为"的设计问题，同时说出他（她）在想什么，就得到一份有声思维过程的纸质报告，可以对报告进行分析。观察设计过程的另一种方式是采访设计师，一旦完成这个流程，就可以基于设计师给出的答案重建设计过程。如果有据可查，设计过程甚至可以根据设计团队的会议记录来重建，这些会议记录描述了他们的决策和依据。无论哪种观察方法，人们都从中发现了有趣的事实。设计师似乎不太倾向于一步步地遵循设计流程图，他们的设计行为通常表现得更加随心所欲。另一方面，他们解决方案的范围更加传统、谨慎。人们通常认为，革命性的新想法也许可以通过综合法引发，这作为一点消遣很美好，但在设计决策时却不能太当真。毕竟，通常设计师知道自己拥有什么，但并不知道当做出与常规情况有着戏剧性偏差的选择时会发生什么。另一项观察是，设计师并不会"毫无根据地"去分析设计问题。通常他们会先寻找一个类似的问题，并且已知这个问题重要的变量和必须满足的条件。"猜想（conjecture）"一词则被用来描述这一步骤。该术语借用了卡尔·波普尔在科学哲学中提出的"猜想与反驳"（Conjecture and Refutation）方法。综上所述，观察表明许多规定性指令所依据的假设似乎并不正确。设计过程比起想象中要复杂得多。

这就引发了设计方法论的另一种方法，即对设计过程复杂性的**反思**（reflection）——这是由于设计师需要在多种背景下同时进行设计。设计师通常是设计团队的一员。团队作为公司部门的一部分，可能会有各种各样的规程和先前的经验。部门基于整个公司的背景而存在，而公司又要在社会的背景下运作。所有这些环境因素都会对设计师的工作产生影响。因此，设计师必须进行多方面的考虑，例如功能、安全性、对自然环境的影响、成本、维护、专利、用户友好性、公司战略和政策，等等。新的方法和工具被开发出来，以应对上述各种因素。有时，设计师在应用新的方法和工具时缺乏对设计问题性质的考虑，导致对此类方法过于简单化的处理，甚至如果具体设计问题与方法或工具不匹配，还会导致设计失败。需要再次明确的是，设计师不仅要整体考虑设计过程，而且要考虑在这些过程中使用的方法，以及基于这些方法和工具的假设。

为了说明对设计方法进行批判性反思的必要性，这里使用质量功能作为示例。质量功能展开（Quality Function Deployment）是**全面质量管理**（Total Quality Management，简称

TQM)的构成方法之一。在TQM中,"质量"一词的含义不仅限于在生产线末端检查功能不良产品的数量,而且具有更广泛的含义。任何取悦顾客的方面都可以被视为质量的一部分。防止顾客买到功能不良的产品是该概念的一个要素,但不限于此。在多数情况下顾客也会感到满意,如产品具备所有他想要的功能、易于操作和维护、可以在许多地方买到、价格合理、不可维修时可以轻松处置、不会对自然环境造成不必要的损害,等等。简而言之,产品的整个生命周期都应该让顾客满意,即使是诸如制造阶段这些顾客没有看到的阶段。如果通过材料或能源方面先进的处理方式来降低制造成本,带来产品价格下降,顾客也会很感激。对设计决策结果有如此广泛的考量,与设计方法论发展中将反思作为一种活动是相契合的。

为了评估客户愿望对产品**生命周期**(lifecycle)各个阶段可能产生的影响,人们已经开发出多种方法。这催生了称为**面向X的设计**(Design for X)的一系列方法,其中"X"可以是生命周期的任何方面。因此,这些方法囊括了制造设计、组装设计、物流设计、人体工程学设计、成本设计、维护设计和回收设计。许多方法专门用于将客户的需求转化为产品的技术特性。在一种被称为**价值分析**(Value Analysis)的方法中,对产品的每一部分成本、实现的功能,以及客户准备为这些功能支付的费用进行了调查。如果一个零件的成本超过了其功能在客户眼中的价值,设计师可以考虑将其移除或集成到其他零件中,以降低成本。将客户需求转化为技术质量的另一种方法是**质量功能展开**(Quality Function Deployment)。最初的想法是质量可以用数学函数来表示,其中产品的技术特征作为数学公式中的变量,计算结果代表质量的数字表征。引入该方法后不久,人们发现对这种方法的预期似乎过于乐观,必须开发一种将客户需求转化为技术特征的更精细的方法。如今,人们常用的是矩阵法,其中行表示客户需求,列表示技术参数。根据客户的每个需求,确定与每个技术参数的关系级别。设计师必须优先考虑与最关键客户需求联系最为密切的技术参数,以给出"理想"值(对客户期望而言是"理想的")。许多公司在设计过程中引入了这种方法,不过发现它并不起作用。方法论研究表明,在许多情况下不能怪这种方法不好,事实上公司并没有深入思考该方法内在涉及该公司及其与客户关系的假设。如果客户完全不了解产品,那么问他们想要什么是没有意义的。更深层次的问题是筛选真正的客户。长途汽车生产企业面临着一个非常复杂的客户群,除了乘坐长途汽车的旅客,还有旅游汽车经营者、长途汽车的所有者、司机、维修汽车的修理厂,等等。各方都有自己的需求,其中很多是互相矛盾的。在这个案例中,应用该方法之前需要仔细思考一个问题:把谁看作主要客户?一般情况下,方法中的所有步骤都假定具备必要的信息可供正确、合理地执行,否则该方法必然会失败。对方法的假设进行批判性反思极为必要,以避免对这些方法的不当使用——通常这句话适用于所有设计方法。

将规定、描述、观察和反思视作设计方法论的发展阶段,并且每个阶段都在下一个阶段开始时结束,这种观点并不准确。直到今天,仍然可以找到不同类型的设计过程。可以粗略地将设计过程分为两种:**理性解决问题**(rational problem solving)和**反思性实践**(reflective practice)。在第一个"范式"中,设计师被视为信息处理器,设计过程在很大程度上由知识驱动。在第二个"范式"中,设计师被视为构建他(她)自己的现实世界的人,设计过程更多是由技术驱动而非知识驱动。使用哪个范式取决于多个因素,其中两个因素分别是设计师的个性(有些设计师以系统、理性的方式工作会感觉更舒适,也有些设计师以宽松、艺术的方式工作感觉更好)和其所从事的工程领域(通常建筑师与机械工程师在设计时采用的工作方式是不同的)。

在反思设计过程时,由于存在众多影响因素,设计方法学家越来越意识到设计问题的复杂性。为了切实应对这些影响因素,调查决定产品成败的各类因素非常有用。案例分析表明,至少应考虑以下因素:

- **科学因素**(scientific factors):指的是产品功能所基于的自然现象,且工程师在一定程度上具备相关自然现象的知识。
- **技术因素**(technological factors):指的是工程师可以用来实现其设计的材料和过程。
- **市场因素**(market factors):指的是客户对产品的想法。市场因素不仅仅是市场营销人员通常关注的市场方面(特定年龄和收入的人群数量)的指标。美学方面的考量也是一种市场因素。
- **政治因素**(political factors):指的是政界人士与产品相关的想法。
- **法律因素**(juridical factors):相关法律法规、现有专利也要纳入考虑的范围。
- **道德因素**(ethical factors):尽管这些因素通常已经转化为其他类型的因素(例如客户出于道德考虑会拒绝对环境有污染的产品),工程师本身也有其道德考虑。

用一个例子可以说明。在设计房屋时,建筑师要面对上述所有类型的因素:
- 科学因素是作用在房屋上的力,这些力可以利用经典力学进行分析。
- 技术因素是可以用来建造房屋的施工方法。建筑师必须在现有方法的限制下工作,不应该设计无法建造的建筑。
- 市场因素是客户的需求和特征。在质量功能展开方法的描述中,已经指出术语"客户"有多重含义。这里也是如此,客户可以是专员,也可以是未来的居民和承包商。
- 政治因素在这个案例中可以是阐明在一座城市某个区域建造房屋的所有规定条件的城市规划。
- 法律因素可以是涉及安全(盗窃、火灾)、建筑材料对环境影响的法规。如果建筑师使用了非常新颖的技术,还需要考虑现有的专利。
- 道德因素:即使没有政治或法律因素的要求,建筑师也应该考虑到房屋对自然环境的影响、房屋的安全性,或者房屋如何有利于居民更好地生活。

设计的成功取决于设计师在多大程度上将这些因素与设计相匹配。好的设计能够全面地匹配这些因素。正是这一匹配的过程使得设计成为如此复杂且极具挑战性的活动。

特别是在设计过程耗时很长(比如说若干年)的情况下,设计师会面临这样一种现象:多数情况下所涉及的因素是动态的而非静态的。新的现象可能会被发现,新的技术可能会诞生,客户的审美可能会随着时间的推移而改变,新的政府成立后政策可能会改变,新的立法可能会禁止使用以前允许使用的材料,新技术出现时可能会引发新的伦理讨论。由于上述因素的动态性,设计师不仅要处理这些因素的复杂性,而且要将时间作为一个因素来考虑。这样做的结果是当因素发生变化时,设计发展方向也可能会变化。这不仅关系到实现设计目标的方式,还关系到设计目标本身。可以通过热气机的故事来说明这个观点。

热气机最初是为利基市场*设计的,例如作为水泵的能量来源。这样做是因为在这些发动机开发的早期,没有任何材料可以同时承受高温和高压,唯有高温高压才能实现高功率。就上述因素而言,可以说适宜材料(技术因素)的匮乏限制了可以服务的市场

---

* "利基市场"是英文原文 niche market 的音译,指一个小而特定的市场,通常由一组有着共同需求、兴趣、习惯或喜好的客户组成。这个市场通常是一个细分市场,相对于整个市场来说规模较小。——编者注

(市场因素)。除此之外,在热力学仍处于起步阶段的早年,发动机中的热空气发生了什么(科学因素)始终没能得以阐释清楚。但是随着时间的推移,钢材开始得以应用(技术因素的一项变化),并且出现了新的市场(例如在20世纪30年代末,荷兰的飞利浦公司正在为发展中国家的无线电设备寻找一种静音且独立于电力的能量来源,他们发现了热气机是解决此问题的潜在方案)。设计热气机的目标因此发生了变化:相比只能为特定的应用,譬如水泵工作,工程师们开始设想用热气机替代电力。但是,热气机设计的背景又发生了变化。晶体管的发明(一项新的技术因素)降低了许多电器的能量需求,一个简单的电池就可以作为能量来源。飞利浦的设计师由此得出的结论是,必须为设计热气机设定新的目标,即让它在汽车上应用(以代替内燃机)。这一目标在与通用电气公司(General Electric)的一次合作中几乎就要实现,这时出现了一项新的政治因素:美国颁布了《清洁空气法》(Clean Air Act)。因此,通用电气公司放弃了所有有关热气机的业务,因为他们当时的首要任务是确保现有的(内燃式)发动机符合新法律的要求。飞利浦与福特公司一起,为热气机的开发确定了一个新目标,即环境友好型发动机,这样他们就能够获得政府补贴。由于无法调和发动机的环境质量与高成本之间的矛盾,这项工作就被放弃了,这严重阻碍了热气机与内燃机的竞争。近年,可以看到热气机目标的又一次转变:热气机的研发工作再次聚焦在小规模应用上,例如作为房屋集中供暖的能源。

有关热气机的案例表明,通向成功的道路并不是先设定目标,然后持续朝着这些目标努力就可以达到。相反,路径是不连续的。由于背景因素的变化,必须设定新的目标。用一个合适的术语来描述这样的路径就是**零散的理性**(piecemeal rationality)。它是理性的,因为决策基于背景因素的理性分析,但它又是一种零散的理性,因为发展方向必须适应背景因素的变化。不过限制理性在技术发展中发挥作用的不仅是背景因素的变化。包括科学发展在内的这些发展中,可能会存在运气成分。为了表明这不纯粹是运气,我们用**机缘巧合**(serendipity)一词。即使一个人偶然发现了什么,也需要一定程度的专业知识来认识它对于自己的设计工作的潜在价值。便利贴的发明就是设计领域中有关机缘巧合的一个著名例子。3M公司的一位工程师偶然开发了一种新型胶水,这种胶水具有短暂的黏性。用它粘贴的纸张很容易被撕开。这是一个运气的问题,但如果不具备工程师的专业知识——能够意识到这种胶水可以有全新的应用——那么这种胶水永远不会得到开发。另一个例子是来自飞利浦的一项发明——硅的局部氧化（Local Oxidation of Silicon）。一位研究人员偶然发现，氮化硅层能保护硅基底片在加热时不被氧化。他意识到在制造集成电路的过程中氮化硅可以用作掩模板。由此，硅的局部氧化工艺在很长一段时间内成为制备集成电路的标准工艺，而这完全始于一次偶然事件，但又结合了能够识别其潜在价值的专业知识。

关于技术发展中所涉及的各种因素的动态变化，还有另一个观察结果，即这些因素之间的相互作用并非对所有产品都相同。深入思考这些动态可以帮助人们识别特定的模式，以便区分不同类型的技术。这些类型可以以不同的方式定义。设计师通常使用相当经典的分类，例如机械技术、电气技术、化学技术和生物技术，但是这种分类在揭示各种技术的性质方面非常受限。以下分类显示了因素变化中更多不同的交互模式。

- **基于经验的技术**（experience-based technologies）。对于这些技术来说，设计师先前的经验是设计活动的基础。在这种技术中，科学知识是系统地收集这些经验并将其数字化的结果，无需寻求更深层次的解释。在这种技术中，社会因素（市场、政治、法律及道德）从一开始就发挥作用，因为设计师和用户都对产品的性质有经验。

- **宏观技术**（maro-technologies）。这些技术中使用了更基础的科学知识，但这些知识是围绕宏观层面（而非微观层面）现象的。这类技术的常态模式是科学因素和技术因素之间的相互作用。例如：蒸汽机的发明（一项技术发展）使工程师需要了解发动机中的蒸汽到底发生了什么，这导致经典热力学的出现（科学发展）；这种新知识的获得使工程师能够改进发动机（技术发展），进而促使工程师渴望进一步获得更多的科学知识，以期获得新的技术进步。在这种类型的技术中，社会因素也可以从一开始就发挥作用，不过现在由于科学因素的作用，其影响有所减小。

- **微观技术**（micro-technologies）。在这类技术中，设计师很大程度地借鉴了微观粒子和结构的基本知识。这时的模式是科学知识对于设计至关重要。晶体管就是一个典型的例子。最初基于经验的尝试（复制现有的固态三极管结构，就像在二极管上已经成功做到的那样）走进了死胡同。固体物理学（实际上还处于发展阶段，但已经在一定程度上成熟）得到应用之后，才制造出一种可以小型化且能批量生产的晶体管。与前两类技术不同，由于这种技术和有关现象的知识都是新的，在发展的早期阶段无法考虑社会

第4章 技术过程

因素。

关于这类技术需要说明以下几点。首先,大多数产品都是不同技术的结合。在这些技术中,一部分可能是基于经验的方式开发,另一部分可能是基于宏观技术的方式开发,还有一些可能是基于微观技术的方式开发。其次,尽管基于经验的技术最早出现,而微观技术则属于比较新的类型,但这并不意味着微观技术是解决当今技术设计问题最先进的方法。对于许多产品而言,即使在今天,最直接、有效的方法仍然是以经验为基础的方式。时至今日,试图在分子分析的基础上设计一座桥梁的想法仍然毫无意义。最后,随着时间的推移,某种产品的设计可能会从一种方式转向另一种方式。桥梁最初是根据经验法则设计的,这些经验法则来自许多以前桥梁设计的经验,其中有些可以成功,有些则不行。但是随着时间的推移,机械分析方法的出现,一种更为宏观的技术方法得以应用。这种转变并不容易。法国国立路桥大学(Ecole des Ponts et des Chaussées)(一所19世纪的土木工程教育学院)*从成立之初,学生就把学习数学、力学与从现有的桥梁设计中汲取经验教训相结合,但是经过将近一个世纪的时间,课程的这两个部分之间才建立了真正的联系。显然,必须将数学和力学知识进行转化,以便土木工程师在设计桥梁时可以使用(本书第3章在讨论科学知识和技术知识之间的关系时也提到这一点)。

所有这些都表明,设计烟灰缸、汽车或是纳米技术设备,情况都有所不同。所有的设计过程都很复杂,但各有其复杂之处。这影响到不同类型的知识与设计过程的关联方式。在关于技术知识的这一章中(第3章),我们已经看到,可以区分出各种类型的技术知识,但尚未讨论区分不同类型技术知识的方法。因为这个问题与设计过程密切相关,是**概念性**(conceptual)(或陈述性)知识和**程序性**(procedural)(或策略性)知识之间的区别。第一类知识是关于某个领域的资料。这些资料可以是描述性的和约定俗成的(包括事实和理论、规则和标准的知识)。第二类知识是关于如何解决设计问题的。不要把这种区分与"知道什么"和"知道如何做"之间的区别相混淆,就好像"知道如何做"和程序性知识是一样的。"知道如何做"的特点是不能用命题来表达。当设计手册规定了设计程序时,才会出现程序性知识可以在命题中表达(至少部分)的情况。因此,概念性知识和程

---

* 原书法语名称有误,应为"École Nationale des Ponts et Chaussées"。该校的前身为路桥学院(Ecole des Ponts et Chaussées),1747年成立,1775年更名为国立路桥学院。——编者注

序性知识之间的区别与"知道什么"和"知道如何做"之间的区别是不同的。概念性知识显然是技术领域所特有的。正如我们在这一章前面部分所看到的,设计人员解决不同工程领域设计问题的方式(为此他们参考了自己的程序性知识)是不同的。但并非全部不同。了解设计问题包含对问题的合理分析,这不仅限于某一领域,而是适用于任何设计问题。但是为了实行该分析,设计人员必须参考概念性知识。仅仅意识到分析的必要性,甚至知道某一领域应该如何进行分析,都是不够的,还必须具备这一特定领域的概念性知识。换句话说,在解决设计问题时,有必要结合程序性知识和概念性知识。在本书5.10节关于如何设计教学和学习的讨论中,我们将会看到这一点的重要影响。

在第3章,我们简要提及了**用户计划**(user plans)的思想,用来概念化这样一种现象:用户使用人工物的方式可能与设计师在设计人工物时的设想不同。与用户计划相对应,我们可以将设计师设计时的考虑称为**设计计划**(design plan)。我们在第3章讨论普兰丁格对知识的阐释时,已经简单了解了这个概念。设计计划的概念包括:设计师**打算**(intention)实现具备一定功能的、新的人工物;他**笃信**(beliefs)自己了解这种人工物的物理属性以及如何使人工物具备那些功能;接着,他将确立**一系列的行动**(sequence of action),即他认为能制造出人工物的计划;然后,设计师有了按照计划**行动的倾向**(disposition to act),当没有其他顾虑出现的时候,设计师就会采取相应的行动。正如第3章所述,这种信念可能已经找到了合理解释(用普兰丁格的术语来说是依据),并且可以被称为知识。这种知识可以是关于物理性质的知识、关于功能性质的知识、关于物理和功能性质之间关系的知识,以及关于行动顺序的知识(过程知识)。

4.2 制造过程

制造过程在技术哲学中并未受到太多关注。荷兰哲学家亨德里克·范·里森(Hendrik van Riessen)做出了一些很有意思的贡献,他将杜伊维尔哲学的一些概念(见2.2节)应用于技术领域。他指出传统的手工生产与"现代"生产之间的重要区别(这是他在20世纪40年代写下的,这点我们必须考虑)是能量转化。在传统生产中,人或动物提供了加工材料所需的能量。在现代生产中,能量的来源从煤炭和天然气等自然能源转化为驱动机器的机械能。这使得能量使用规模大大增加。范·里森引入了**技术操作员**(technical operator)的概念来表示那些通过能量转化功能来界定其特性的人工物(一个典型的杜伊维尔术语)。从这个意义上说,发动机是技术操作员的一个例子。能量供应的发展使得大规模生产成为可能。此外,范·里森表明,大规模生产的影响之一是生产的元素可以应用于不同的领域。例如,齿轮不是为了某一特定应用而批量生产的,而是为了应用于可能存在的许多不同的设备。在这里,范·里森对两种情况进行了有趣的区分:一种情况是,元素作为一个独立于整个系统的实体具有意义(如普遍适用的齿轮那样);另一种情况是,当元素不在整个系统的环境时就会失去其意义。在第一种情况下,元素有它自己的意义,但是可以封装在一个更大的系统中。这就是杜伊维尔所说的**封装实体交错**(encaptic interlacement)。在第二种情况下,元素只能从整个系统中获得它的意义,这就是范·里森所说的**部分-整体关系**(part-whole relationship)。对于只为特定机器制造的机器零部件来说,情况就是如此,离开特定机器它们就没有意义。根据范·里森的说法,现代生产技术显示出更多封装实体交错的趋势,而传统生产更多的是部分-整体关系。

更进一步的是自动化生产。在这种情况下,信息的转换也变得十分重要。在手动钻孔的过程中,需要人来监控这个过程,通过眼睛获取的信息来控制生产过程。在数控机床中,信息被嵌入计算机中,通过转换这些信息,机器可以在没有人工进一步干预的情况下完成生产。因此,生产过程的发展可以定义为:工具生产(材料转化由工具完成,能量转化和信息转化全部由人来进行)、机器生产(材料转化和能量转化由机器完成,信息转化由人来进行)、自动化生产(材料转化、能量转化和信息转化全部都由机器人来完成)。

4.3 使用和评估过程

到目前为止,在技术分析哲学中,技术产品的使用还没有得到很多关注。而技术产品的使用在欧洲大陆倾向的技术哲学[*]中讨论得更多,不过这将在下一章讨论。因为在

---

[*] 欧洲大陆哲学(Continental Philosophy)是源自欧洲大陆的哲学传统,主要涵盖19世纪末至20世纪初在欧洲大陆兴起的各种思想流派。这一术语通常用来指代那些与分析哲学相对立的哲学观点和方法。——编者注

4

很大程度上,那些思考集中在技术使用的文化层面,以及技术使用和人的意志之间的关系。如果想要用哲学家对技术人工物和技术知识描述的方式来描述技术的使用,我们必须回到诸如行动主体、意图、信念和行动等概念,这必将会有助于我们概念化技术的使用。

解决这一问题的一种方法是采用"用户计划"的理念来处理。这样的计划实际上与我们已经考虑过的"设计计划"相似。用户计划可用于深入了解用户如何就技术设备的使用做出决策。首先,正如前文第2章所述,这样的决策是基于用户的意图。然而这并不是全部,因为用户决定是否使用和怎样使用技术人工物不仅涉及意图,还涉及对人工物的**信念**(beliefs)。换句话说,用户有特定的意图(他/她想要完成某件事),并且认为某个人工物适用于此。意图和信念可以说是用户计划的内容之一。回顾第2章的一个例子,一位女士固执地在微波炉里烘干她的狗。那位女士有一个信念,即微波炉是一款可以帮她烘干湿狗的合适设备。对于狗来说,这种信念是错误的。(当然,这位女士最初也感到抱歉,但最终还是得到了足够买一窝新狗和一商店微波炉的钱。)在用螺丝刀打开罐头盖之前,人一定已经形成了这样一种信念,即螺丝刀用来做这件事足够坚硬和有力。这种信念可能有不同的来源。也许有人曾经告诉过他,自己使用同一把螺丝刀干成了同一件事。在这种情况下,人的信念是由他人的证言形成的。但也有可能这种信念是通过仔细检查这个工具形成的。在这种情况下,人的感知是信念的来源。信念的另一个来源是**推理**(reasoning)。如果之前偶然使用过该工具,当时对螺丝刀的硬度和强度有更高的要求,那么可以得出结论,它应该也能承担打开罐头的任务。也可能是因为一个人记得曾经用同样的螺丝刀开过罐头,所以**记忆**(memory)也可能是信念的来源。在第3章,我们还考虑了信念以及其与人工物相关知识关联的方式。用户计划的另一个组成部分是根据个人意图和信念行事的倾向。我的意图和我的信念使我倾向于以一种特定的方式行动。当人们相信某个行动可以帮助其达到目标时,会倾向于执行这个行动。这不会必然导致这个行动,因为可能会有其他考虑,这会让人对是否执行该行动犹豫不决。当意识到实现目标所需的行动会引发的后果时,人们的意图会发生变化。也许是意识到自身行动也会产生其他后果,这个后果与自己所持的其他意图相冲突。总之,用户计划包含了行动主体的意图、信念以及行动的发展倾向。

理想情况下,用户也会评估用户计划的执行结果。这种评估涉及深入思考对人工物执行的操作是否确实有助于达到预期目标,但又不仅限于此。对技术人工物使用的评估还包括更广泛的结果,如对自然环境产生的可能影响。此类评估可以在事后进行,并可用于对未来人工物使用的反思。如今人们意识到,人工物的使用往往会产生难以消除的影响,甚至可能造成不可修复的损害。在这个方面,对自然环境的影响就是一个突出的例子。出于此,人们意识到在使用技术之前(而不是之后)做出判断的必要性。如果这种判断涉及各种各样可能的影响(技术、经济、社会),我们称之为技术评估。第6章将会讨论这个内容,现在我们要再次关注方法,就像我们在讨论设计过程时所做的那样。实际上,在处理评估方法时,方法论方面的注意事项也必须纳入考虑。这些方法都有一些必须满足的假设,以便能够正确使用该方法。就技术评估而言,这些方法与未来有关。大多数方法所做的是为评估未来的发展提供一个事实基础,但在原则上这当然是不可能的。有人开玩笑说:"预测总是困难的,尤其是当它与未来相关的时候。"这些方法中最谨慎的是情境法。这种方法没有对未来的样子提出任何主张,仅限于勾画可能的未来。在哲学中,**可能世界**(possible worlds)的概念被用来表明我们当前的世界只是许多可能世界中的一个。事情也可能不是这样,思考其他的可能世界有时会支持我们的推理。这里使用了**反事实**(counterfactuals)这个术语。如果我们想对现状进行推理,那么对替代方案进行推理会有所帮助。这种推理模式的特征可以描述为"要是……会怎样"。这是我们在情境技术中发现的典型推理类型。这种推理得到了模型使用的支持。我们发现**建模**(Modeling)是许多学科都会出现的活动,工程学中也会用到。事实上,模型的使用贯穿技术过程,包括设计过程、制造过程以及使用和评估过程。在第3章,我们已经看到建模如何在工程学中发挥作用。

然而,其他技术评估并不局限于只谈论可能世界,还有其他方法旨在对未来**将会**(will)是什么样子而不是它**可能**(can)是什么样子做出断言。在这里,我们找到了各种各样的预测方法。我们都听说过这样的故事:想要依靠这些方法获得可靠的预测,可能会面临惨败。有时候,似乎连星座运势都比这种方法效果更好。那是否意味着诸如此类的方法没有价值?不,那会是一个错误的结论。就像失败的设计方法(例如质量功能展开法)一样,失败通常不是由于方法本身,而是因为忽略了方法中的假设而不恰当地使用该方法。像所有方法一样,预测方法也有这样的假设,特别是关于预测所基于的资料的可靠性。原则上,这种方法遵循一个简单的基础运行:"无用输入,无用输出。"使用错误的资料会导致错误的预测,但问题是方法本身不会对此发出警告。方法总是无比耐心,不管资料的质量如何,它都可以处理所有输入的资料,并且毫无异议地产生预测。需要仔细思考这些问题的是方法的使用者。

4.4 技术过程的教与学

技术哲学告诉我们,所有方法都具备它们的假设。在应用这些方法时,认识到这些假设是什么十分重要。但在教育界人们并不总是这样做。许多技术教育教科书提供的规定设计过程的流程图,是基于这样一个假设:设计过程的流程图可以应用于学生将要做的任何设计项目。教育研究表明这可能会导致令人沮丧的情况:学生在某一情形下可能会被迫去做一些看起来毫无意义的行为,但设计流程图中依然这么规定。设计过程中某些部分的各种方法的情况也是如此,例如为设计问题提出不同的解决方案。当然,可以预期学生本身对方法进行思考的程度因年龄和教育水平而异。在教育的早期阶段,上述行为的主体是教师,他们必须批判性地思考方法对特定情况的适用性。接受更高水平教育的学生可以预期在这方面会更加积极,让他们做这样的思考十分重要,以使他们能够意识到这种思考的重要性,即思考如何恰当使用设计、制造、使用及评估的方法。同时也要让他们意识到不同类型技术之间的差异。在早期的教育中,帮助学生看到技术和其他人类活动之间的区别是很重要的。在这个阶段,要求理解技术领域内的差异未免有些强人所难。但是在以后的几年里,学生应该了解技术的变化。到那时,如果学生考虑选择技术职业,这种差异对学生来说就很重要。学生必须知道,建筑师和化学工程师可能都被称为"技术职业",但这两种职业之间有着巨大的差异。这种差异反映在建筑师和化学工程师在设计、制造、使用和评估产品时运用的不同方法上。

第5章 技术与人的本质

技术是人类固有的活动。许多哲学家都提出了这个观点。本章将探讨人类成为技术人意味着什么。与前几章不同，本章将主要借鉴文化哲学而不是分析哲学（其区别已在第1章论述）。正如我们所见，欧洲大陆哲学对技术的批判比分析哲学更多。通过强调技术的非中立性，大陆哲学激励人们在技术世界中更加清醒地、批判性地生活。

5.1 技术与人类的需求和愿望

为什么人类会有技术行为？最显而易见的原因是他们的需求要得到满足。亚伯拉罕·马斯洛（Abraham Maslow）曾研究过人类可能存在的各种需求。根据他的观点，需求是分层次的。在这个分层结构的最底层，人们有最基本的生存需求，比如食物、水和氧气。换句话说，就是生理需求。下一个层次是安全需求：安全、稳定、受到保护，诸如此类。接下来一层是对归属和爱的需求，所有人都有感受被爱和爱的需求。接下来一层是尊重的需求：人们希望受到他人尊重。这些是类似掌控与胜任、独立与自由的需求。最高层次是自我实现的需求：通过音乐、文学等来表达自己的需求。技术的发展与人们试图更好地满足每一种需求有关，而且人们试图通过技术来满足越来越多的需求。弗里德里希·拉普（Friedrich Rapp）在他的《分析技术哲学》（Analytical philosophy of technology）一书中也做了类似的区分。他认为，人类发展技术主要有三个动机：第一个动机是人类生存的基本需求，第二个动机是权力和控制，第三个动机与人类智力相关（类似马斯洛最高的需求层次）。本章将研究这些层次的动机。

5.2 技术——人体自然器官的延伸

最早被公认为真正的"技术哲学家"之一的恩斯特·卡普(Ernst Kapp)指出,技术是人类延伸自身自然器官的方式。人类为什么要制造手斧*？因为他们的手太弱太钝,无法砍柴。他们为什么想出制作矛的主意？因为他们的胳膊太短,腿跑得太慢,抓不到奔跑的动物。他们为什么发明罐子来储存食物？因为他们只有两只手,但很多食物要储存。他们为什么要发明镜片？那是因为他们的眼睛看不见很小或者很远的事物。诸如此类,根据卡普的说法,所有的技术人工物都可以解释为人体自然器官的延伸。乍一看,这似乎很合理,但随着技术变得越来越复杂,很难看出人工物在何种意义上能够成为人体器官的延伸。以互联网为例,在某种程度上,互联网可以被视为人类声音的延伸,因为它取代了人们互相传递信息的方式。然而,互联网这个系统非常复杂,包含的许多要素不是人类声音直接的延伸,其影响也不仅仅是在更大范围内拓展共享信息的数量。因此,卡普的分析过于简单化,不足以充分描述互联网是什么。

大体上有两种可能的观点可以解释人工物为何能够作为人类能力的延伸。第一种观点认为,这种延伸是人类进化过程中一个合理的发展。与进化过程中新物种出现新的肢体非常相似,技术设备的出现也处于一个准进化过程。如此,人类在进化的阶梯上迈出了下一步。在这种观点中,技术设备没有太大的威胁性,至少对人类本身没有。(也许对其他物种不是这样,因为在进化过程中,由于其他物种能力的提高,一些物种灭绝了。)第二种观点认为,这种延伸是人类历史发生了根本性的变化。决定人类生存能力的不再是人类的自然延伸,而是人为的延伸。人为的延伸是人类自己有意设计的,而不是进化的"盲目"进程。该观点认为,这种脱离自然进化过程的行为可能会对整个世界的自然平衡构成巨大威胁。

---

* 这种工具通常没有附带柄,可以用于砍柴、屠宰动物和挖掘等多种用途。这种工具有时被称为"fist hatchet",因为其形状类似拳头。——编者注

5.3 人工物作为人们与其生活世界之间的中介

　　欧洲大陆最著名的哲学家之一马丁·海德格尔(Martin Heidegger)写过关于技术的文章。他的哲学思想关注的是人类看待环境以及与环境互动的方式。一方面，人类是环境的一部分并与之不断互动；另一方面，人类意识到自己是独立的存在。通过人类使用技术人工物也可以看出这两种意识。为了说明这一点，海德格尔举了锤子的例子。当人们看到一把锤子放在桌子上时，会把它当作环境的一部分，而不是自己的一部分。但是当人们拿起锤子，开始用它把钉子钉进一块木头时，人们体验锤子的方式发生了变化。它似乎从人的意识中消失，成为人自身的一部分。锤子不再被看作环境中的物体，而成为人们自身的一部分。只有当锤子不能正常工作时，人们才会意识到锤子是环境的一部分。此时，人们才意识到手中有一把锤子并开始检查，以便查明它哪里坏了。关于锤子这种意识的转换相当突然。它可以被描述为**格式塔**(Gestalt)转换，意味着人的体验方式是自身和环境关系的整体。

　　海德格尔在后来的著作中，对人类不断将环境视为必须带来实际用途的资源，从而降低生存质量的倾向表示了极大的担忧。现代技术在这方面表现得比传统技术更为突出。这可能会导致将人类的存在变成一种技术存在。在德国《时代》周报(Der Zeit)的一次著名采访中，海德格尔说"只有一个上帝能拯救我们"*，这戏剧性地将人们的注意力从对生活世界的技术开发转向生活的其他方面。

　　海德格尔的哲学方法被称为**存在主义**(existentialism)。存在主义关注的是人们体验存在的方式。与此相关的是**现象学**(phenomenology)。在现象学中，人们把对现实的体验看作一个整体现象，而不是把它分成主体和客体。海德格尔的追随者之一唐·伊德(Don Ihde)，将海德格尔对人类与技术人工物互动的分析扩展为各种不同类型的格式塔转换。伊德没有(像海德格尔那样)反思人们看待技术的方式，而是分析了技术人工物塑造人们看待现实的方式。正如他所描述的那样，技术在人们对现实的感知中发挥了重要作用。伊德将技术在人们感知现实的中介作用区分为以下几类：

▶ 当人们透过窗户看风景时，窗户会影响人感知风景的方式，因为它限制了人的视

---

* 参见孙周兴选编《海德格尔选集》，上海三联书店，1996年。

野。窗户在一定程度上从人的意识中消失，就像海德格尔举例的锤子一样，但人仍然能在一定程度上意识到它的存在，因为可以看到窗户上的灰尘颗粒或者玻璃产生的一些变形。如果窗户非常透明，可以将这种情况描述为：(人—窗户)—世界。括号表示当人观察外部世界时，窗户已经成为人的一部分。窗户从人的意识中退出，并融入人。这种关系更为广泛来说是：(人—技术)—世界。这就是伊德所说的**具身关系**(embodiment relation)。通过眼镜看世界，这种具身关系更加强烈。眼镜也改变了人感知世界的方式，眼镜的作用如此有效，以至人们注意不到这种影响。类似的效果在经验丰富的司机身上也能见到，但这种效果不再是感知世界，而是在世界中行动。司机非常了解汽车，以至汽车几乎成了他们身体的一部分。在开车的过程中，他们几乎不会意识到汽车存在的事实。第三个例子是一位经验丰富的长笛演奏家，对她来说，长笛在发出声音时几乎已经成为她身体的一部分。

▷ 当发电厂的操作员想要了解发电厂内部发生的情况时，他会阅读仪表盘。人们理所当然地认为，从这个仪表盘上读取的数据与发电厂内部联系紧密，两者就像一个整体。在这种情况下，作为观察工具的仪表盘不会成为人身体的一部分，而是成为人观察世界的一部分。这种关系可以表示为：人—(仪表盘—世界)。更为广泛的表述是：人—(技术—世界)。这就是伊德所说的**解释学关系**(hermeneutic relation)。这样一来看到的东西需要经过解释(这正是解释学的理念)才能被理解(与窗户和眼镜的例子相反)。其他例子，如景观的红外图像、人体(部分)的X射线和MRI影像，都需要解释才能让人们看到现实。

▷ 看电影时，人们知道看到的不是现实。电影本身已经成为人所感知的现实。电影背后可能有一个真实的故事(例如技术)，但那仍然仅存在于背景中。这种关系可以描述为：人—技术—(世界)。伊德称之为**它异关系**(alterity relation)。技术本身就是人们观察的"他者"。这里的括号表示通过技术与世界的联系可能存在，但不是一定存在。

▷ 也许现实世界不会一直隐藏在背景中，但技术会隐藏在背景中。想想光技术或热技术，人们不会注意到技术[除了背景中可能的模糊的嗡嗡声，这种关系就是伊德所说的**背景关系**(background relation):人—(技术)—世界]。背景关系如何影响人们对生活世界的看法,其中一个例子是当人们在城市环境中仰视夜空时,往往看不到很多星星,这是因为城市中所有光源都会在背景中产生"光学噪声"。

最后,伊德写到了他所说的"水平现象"。在这种现象中,自然和人工之间的区别开始消失。这种现象出现在各种类型的医疗技术中,如植入物和操控遗传物质。

伊德不仅中立地分析了这些类别,而且表达了他的担心:如果人们没有充分意识到技术在人与现实互动中的中介作用,并且习惯于技术对体验现实所造成的削减,人们可能会感受不到生活有多么丰富。阿尔伯特·伯格曼(Albert Borgmann)在他的**装置范式**(device paradigm)中对这一问题进行了详细说明。伯格曼认为,装置已经成为人类世界无处不在的一部分,以至于人们几乎不知道与自然直接接触的体验是什么。伯格曼和伊德一样,经常引用海德格尔来明确他的哲学立场。他将装置从物中剥离出来,因为物仍然需要人类的技能来操作,但装置会削减人类的技能,因为它们几乎完全自主运行。装置使人脱离了与周围生活世界的联系。部分原因是许多技术的统一性。早些时候,去其他国家是一次丰富的经历,因为可以遇到新的食物、新的事物、新的风景。现在人们可以在家里吃中国菜,从世界各地购买商品(也有少部分产品仍然是某个国家或地区的特色),可以自己创造或在电视上观看各种风景。人们旅行时几乎没有惊喜可言。这些都导致了与现实关系的剥离。

对此伯格曼的补救措施是什么呢?这个问题可以用**焦点**(focal)事物和实践来概括。伯格曼提到了跑步(为了娱乐,而不是赶公交车)。周围的设备像一张网一样试图强迫人们脱离生活世界,跑步能够充分调动身心,成为逃脱这张网的补救方法。另一个例子是准备和享用节日大餐,不用预制的食物,而是采用接近原材料的食材。这促使人们思考手段—目的关系,而不把这些留给具有内置手段—目的关系的装置。乍一看,这似乎是一种有吸引力的补救措施,但每个尝试过的人很快就会发现,鉴于技术人工物在人类世界中的主导地位,这种焦点活动往往不是常规,而只是例外。安德鲁·芬伯格(Andrew Feenberg)和兰登·温纳(Langdon Winner)等其他技术哲学家认为,伯格曼的解决方案既不充分,也不太有效,因为焦点活动很难成为人们生活的主要部分。除此之外,他们认为只有政治才能真正地解决这一问题。伯格曼用来说明焦点活动概念的例子几乎都是关于休闲活动的,与职业生活无关。这很好地说明了伯格曼(摆脱装置脱离影响的)补救措施的局限性。只要支持技术负面影响的整个社会和政治体系一直完好无损,焦点活动的作用就不会很大。实用主义哲学家拉里·希克曼(Larry Hickman)批判了装置会带来负面结果的观点,认为也有其他影响因素。他以电视为例,坦承很多无用的电视节目糟糕地取代了直接的社会关系;但另一方面,教育类电视节目却有引人入胜的效果。总的来说,人们可以质疑这样一种假设,即装置差不多总是使人们对现实的体验变得贫乏,正如海德格尔和伯格曼所言。作为一个实用主义者以及约翰·杜威(John Dewey)的追随者,希克曼认为,解决技术负面影响的方法不在于专家的分析,而在于从参与涉及各方实验的过程中吸取教训。

技术在人类世界中无处不在,这当然不算什么新的观点。几十年前,法国哲学家雅克·埃吕尔(Jacques Ellul)已经指出了技术的这一重要特性。他非常重视技术的系统性,这种特性赋予技术一定的自主性。技术由此成为一种社会无法影响的自我调节机制。因此,在技术对社会的影响方面,埃吕尔描绘了一幅非常悲观的画面,实际上他几乎看不到任何出路。在那些不相信焦点活动会有很大帮助的人看来,伯格曼在这方面并没有实现多少推进,因为那些活动仍然保留了技术的系统性。本书5.5节将会更详细地讨论控制技术或受控于技术所引发的问题。

另一位法国哲学家乔治·西蒙登(George Simondon)反思了技术人工物作为自然世界和文化世界之间中介的地位。根据他的理论,技术人工物是人类用来为周围世界赋予价值和意义的方式之一,类似于宗教或科学。技术对象本身并不存在,只与它们出现的世界有关。它们构成了自然世界与人工或文化世界之间的过渡。这里有三种可能性:要么它们使自然世界和人工世界相互对立(例如当环境遭到破坏时),要么它们孤立了自然世界(例如在地表之下建一座城市),要么它们因为两个世界之间的连接而发挥作用(例如风车)。当然,这种分析会导致对这三种情况下的技术人工物产生完全不同的理解。

5.4 人工智能与互联网

最能清晰体现"技术削弱体验"这一局限性的技术之一是互联网。哲学家休伯特·德雷福斯(Hubert Dreyfus)写了大量关于这方面的著作。他特别指出,缺乏亲身参与是对生活世界进行真实体验的严重阻碍。互联网不仅能帮助人们获取海量信息,而且有助于人们与他人进行交流。除了使用电子邮件这一简单的形式,互联网应用还有更先进的形式。在MUD(多用户共享领域)中,几个人可以连接到一个虚拟世界,作为一个人工生命生活,其身份在一定程度上可以由他们自己创建。但是,这个社区完全是虚拟的。德雷福斯认为,从人文主义的观点来看,缺乏身体体验使这种互动非常糟糕。根据德雷福斯的观点,虚拟会议越来越受欢迎——不仅在多用户共享领域,在许多其他类型的"虚拟现实"(这些表述完全是自相矛盾!)中这种情况应该引起关注。人们开始认为这就是真实的生活,而忘记了过去更为丰富的经历。一些人对此提出了批判,指出电话的出现会导致无接触交流的现象,但似乎并没有降低人们的交流质量(相反,一些人认为电话为那些根本没有机会联络的人们创造了许多新的交流机会)。但问题是互联网改变世界的程度和方式是否与电话相同。如今的虚拟现实技术可以做得如此复杂和先进,以致产生了非常强烈的暗示,即它提供了一种真实世界的体验,而不是一种简化的体验。这使得虚拟现实技术比电话这类技术更具有误导性,因为电话沟通的演绎性仍然十分明显。

从技术对人类体验作用的角度来看,另一个有趣的领域是**人工智能**(Artificial Intelligence,简称AI)。如今,AI技术如此复杂,以至于人们认为与我们交流的机器具有人类的特征。这引发了哲学层面的争论,即在什么时候可以说技术对象能够"思考"。一些哲学家认为,当今存在具备思考能力的技术,这种能力与人类近似。希尔伯特·西蒙(Herbert Simon)等心理学家分别对人类和计算机解决问题(例如解决国际象棋问题)的过程进行了实证研究,提出了计算机信息处理和人脑信息处理之间的相似之处。因为即使是最厉害的人类棋手也曾被计算机象棋程序打败,所以这些哲学家非常自信地宣称"计算机可以像人类一样思考"。然而,另一些人坚持反对这一观点,指出计算机不能处理情感信息。对计算机拥有情感可能性的推测也多种多样。至少可以说,计算机是有感情的。在日本,有一种非常受欢迎的玩具叫作"拓麻歌子"。这是一种蛋形的装置,带有一个显示器,可以根据小主人不同的对待方式显示不同情绪的脸。当"拓麻歌子"受到积极关注时,它的脸看起来很开心;当受到"惩罚"时,它的脸上会露出悲伤的表情;当被忽视太久时,它会开始尖叫,就像被忽视的婴儿一样。更先进的是同样来自日本的电子狗"AI-

BO"。事实上，这些机器人的沟通技巧相当令人信服。著名的图灵测试，其开发就是为了证明这些技能如此先进，以至于在某些情况下人类也无法分辨自己交流的对象是机器还是人类。关于这个测试有很多争议，因此现在许多人不再把它作为区分人类和机器智能的有效测试。

电影制作者顺势而为，利用这绝佳的机会，从计算机具备思维能力甚至情感的角度，将信息技术提供的新的几乎无限的可能性可视化。史蒂文·斯皮尔伯格(Steven Spielberg)的电影《人工智能》(Artificial Intelligence)就是一个例子。一个机器男孩想要从他的人类"父母"那里找到真正的爱，甚至在他们去世很久之后。在根据克拉克(Clarke)的小说《2001：太空漫游》(2001, A Space Odyssey)改编的经典电影中，2001年控制空间站的计算机哈尔变得不再信任站内的人类居民，甚至开始杀死他们。在这两个例子中，技术人工物被赋予了情感能力。

还可以追问一个问题：当人们理所当然地认为人机交互可以取代人与人之间的交流，并开始认为生活本该如此时，这样的生活质量怎么样？用人机交互取代人与人之间的交流，难道不是一种非常糟糕的生活方式吗？许多哲学家肯定会这样认为。技术的迅速普及再次引发了他们的担忧。

5.5 人类控制技术还是技术控制人类

人类控制技术还是技术控制人类，这始终是一个贯穿技术哲学发展过程(尤其是在欧洲大陆传统中)的重要问题。每当一项可能产生强大影响的技术出现时，这个问题便会被再一次提起。20世纪，控制论是推动技术控制思想最突出的技术理论。诺伯特·维纳(Norbert Wiener)因其作品而闻名，他在他的著作中，表达了需要对社会进行技术控制从而解决社会问题的想法。20世纪对通过技术控制解决社会问题寄予厚望的另一位哲学家是卡尔·马克思(Karl Marx)。在他看来，技术对于实现从资本主义社会向共产主义社会的过渡非常重要。如今有三个可能对社会产生深远影响的当代技术的例子——生物工程、环境技术和纳米技术——尽管它们的开发者肯定没有像维纳、马克思等人那样宣传这一点。

生物工程(Bioengineering)预计将产生深远的影响。它关系到生命的基础。通过生物工程可以操纵基因的性质,从而影响子孙后代。尽管专家们讲了许多宽慰的话,但由于生物工程的影响在很大程度上未知,担忧它可能成为一种凌驾于人类之上的力量也不无道理。即使撇开人类是否应该操纵生命基础这一伦理问题(见第6章的讨论),生物工程影响的不确定性也促使人们谨慎行事,例如国际机构已经意识到了这一点。

另一项非常有趣的研究成果被称为**环境技术**(ambient technology)。这个术语指的是家里越来越多的技术被隐藏起来,这样人们就不必为复杂的开关面板而烦恼。通过观察人们的习惯和偏好,房屋会逐渐调整隐藏技术的运作,使之符合它感知到的人们的需求。乍一看,这似乎是一个优势,但很快人们就意识到,一旦房屋启用这些技术,它就开始操控我们。当房屋观察到主人习惯于早上7点左右起床,并在早上8点离开之前喝咖啡,它就会在早上7点45分左右打开咖啡机,以便在8点准备好咖啡。从那时起,主人要么在7点45分喝咖啡,要么在当天早上不想喝咖啡时把它倒掉。当然,人们不喜欢浪费咖啡,所以只要有咖啡,人们就会选择喝掉;而如果人们可以自己决定的话,可能根本不会煮咖啡。我们控制了房屋还是房屋控制了我们?这变成了一个有趣的问题。

第三个关乎控制问题的新技术发展例子是**纳米技术**(nanotechnologies)领域。其中一些技术已经应用于日常实践,例如玻璃上只有几个原子厚度的极薄涂层。"Nano"(来自希腊语"侏儒")指纳米,意为原子的大小。尖端纳米技术旨在操控单个原子——这被称为分子纳米技术——其中很多还只是幻想。但有些人如埃里克·德雷克斯勒(Eric Drexler),已经写下对未来的思考:独立的装置(通用组装器)可以通过操控单个分子来构建其他装置。这种装置的危险性已经被察觉,不过,或许艺术家对这种危险性的感受最为敏锐。迈克尔·克莱顿(Michael Crichton)的小说《猎物》(Prey)描述的就是一组独立的微型机器人逃离实验室。由于这些机器人能够一个分子接着一个分子地将人类分解,而且没有任何人能阻止它们,因此它们对人类构成了巨大威胁。尽管小说中没有使用纳米技术这一术语,但评论家们认为这与新的技术类型之间存在很强的相似性,作者的目的就是警示人们纳米技术可能存在的危险。

人们之所以对这些技术感到担忧,是因为它们如此高深,以至于很难预想如何掌控它们。它们要么与操控生命的基本原理(遗传物质甚至单个分子)有关,要么对我们的作用如此隐蔽、高级，以至于人们觉得正在失去对这些技术的控制，在这种情况下人们尤其担心埃吕尔的黑暗预言可能会成为现实。

电影制作人再次将技术对社会的全面控制形象化。其中一些电影已经成为真正的经典。电影《大都会》(Metropolis)就是一个例子，该影片描绘了一个可怕的未来场景：人类奴隶在地下环境中工作，而机器完全掌控他们的工作。事实上，这部电影延伸并强化了查理·卓别林(Charles Chaplin)的一部更加"经典"的电影《摩登时代》(Modern Times)中已经呈现过的视角。《摩登时代》讲述的是在大规模生产线上，人类几乎完全成为技术系统的一部分。

5.6 技术人工物的社会和政治维度

正如在5.5节中所见的，埃吕尔认为技术与社会之间的关系主要是一种单向影响：技术主导社会生活，而不是社会生活主导技术。也有哲学家认为技术对社会也有影响。技术不仅仅是一个必然发生且我们无法对其产生影响的自然过程。恰恰相反，技术完全是人类创造的现象，因此我们可以充分地控制它。问题不是我们不能控制技术，而是我们把控制权留给了某些社会群体，如工程师。这些群体认为他们开发和实现技术的方式是最好的，甚至是唯一可行的方式，但如果其他人能在分析和批评他们的观点上更加敏锐，就能实现对技术更为平衡的控制。

关于这个问题，芬伯格在他的一本书里举了一个很精彩的例子，即法国公共信息网终端(Minitel)信息技术的发展。根据他的说法，自上而下的技术发展是法国的典型做法，法国公共信息网终端就是一个例子。法国公共信息网终端的初衷是为法国公民提供一个计算机化的信息来源，与其他国家的图文电视*类似。每个家庭都有一个终端，允许人们访问信息系统。但很快，一些精通技术的用户发现，他们可以侵入系统来交换其他非政府提供的信息。他们使用该系统的方式很快在整个法国流行起来。因此，用户将法

---

* 图文电视是一种通过电视信号传输文本和简单图形信息的技术，起源于20世纪70年代的英国，并在欧洲广泛使用直到数字电视的普及。这项技术利用电视信号的垂直消隐间隔(VBI)来传输信息，使得观众可以在电视机上接收到新闻、天气预报、股票市场报告等信息。——编者注

国公共信息网终端系统变成互联网的"前身"*。芬伯格提倡用户这种近乎无政府主义的行为，作为大多数人面对技术奴性态度的另一种选择，这种态度促使埃吕尔等哲学家将技术描述为一个自治系统。

兰登·温纳的观点与之大致相同。他讨论了技术人工物的政治维度。技术绝不是中性的，它对人类生活产生巨大的影响。因此，技术在社会中的角色应该完全是民主政治进程的结果。在他看来，技术的非集权化是这一进程的积极成果。然而，他认为问题在于如何让所有相关方参与到这个进程中来。与芬伯格一样，他的研究方法更符合法兰克福学派哲学家的传统，包括尤尔根·哈贝马斯（Jürgen Habermas）和西奥多·阿多诺（Theodor Adorno）等（另见5.9节）。不过，温纳并不想把自己归入这一流派。总体而言，他在出版物中使用的例子比芬伯格的更悲观。温纳强调，政治家可以利用技术来维持某种政治局面；而芬伯格表明，用户可以超越技术，使其为自己的目的服务。

技术的社会建构论（Social Construction of Technology，简称SCOT）视角则非常强调社会行动者对技术发展的影响。按照这种观点，技术因素在技术发展中几乎不起作用。正如怀贝·比约克（Wybe Bijker）所描述的那样，自行车的发展历程几乎成为一个"经典"的例子。比约克认为，自行车的整个发展变化取决于人们如何看待这一产品。起初，它并不被视为一种交通工具，而是一种年轻男子向年轻女士展示勇敢和技巧，以给她们留下深刻印象的工具。在那个时候，自行车是一种"男子气概的机器"，其设计理念是一个非常大的轮子和一个非常小的轮子，所以骑自行车需要极强的能力。后来，自行车主要被视为交通工具，先为女士所用，后来是男士。比约克表示，这也是导致设计变化（两个大小相同的车轮和各种新零件，以确保骑行安全）的原因。

技术发展的这种社会取向的结果是，人们可以利用政治决策来剥夺用户对技术使用的决定权，并把这些政治决策内置到人工物中。这或许是解决问题的一种方式，因为可想而知或可以预期大多数用户不会以负责任的方式行事。汽车司机的表现就是一个例子。尽管法律禁止超速行驶，并强制使用安全带，但众所周知，许多汽车司机并不遵守这些规定。在这种情况下，政府可以立法，规定所有汽车的设计都必须保证司机不能超速行驶，因为汽车本身无法超速。同样，可以立法规定所有汽车都要设计成在司机系上安

---

* 原书此处为法语"avant la lettre"，字面意思"在有记录之前"。——编者注

全带之后才能发动。如此一来,安全驾驶的责任就从驾驶员转移到了汽车。当然,这种做法会引发很多社会争论,因为它会强化技术控制人类而不是人类控制技术的观点。

5.7 后现代技术

SCOT的技术观也可以以某种方式在后现代技术观中找到。后现代技术观也主张,技术之所以为技术,是因为人们认为它是技术。但与SCOT的观点相反,后现代主义者关注的是个人而不是社会群体。我们每个人对技术都有自己的感受,因此人们对技术是什么,以及什么是好的或者坏的技术都有自己的看法。后现代主义基于这样一种假设,即没有唯一的真理——用后现代主义代表性作家之一弗朗索瓦·利奥塔(François Lyotard)的话来说,就是"宏大叙事",只有各种各样个体的真理(利奥塔所说的"微小叙事")。与此相关的是,以往人们视为绝对的界限变得模糊。不仅真理变得相对,传统的分类也变得相对,比如生物与机械生物。一个例子是唐娜·哈拉维(Donna Haraway)在她的《赛博格宣言》(Cyborg manifesto)中对"赛博格"(Cyborgs)概念的理解:既是人类又是机器人的生物。提到电影,还可以想到诸如《机械战警》(Robocop)和《终结者》(Terminator),这些不仅仅是科幻小说。今天的医学技术已经先进到几乎可以用人造器官来代替人体的每一个部分。一个人的人体部位中在多大程度上被人造器官所取代,人就可以算作机器人?此外,生与死的边界也变得模糊。因为当人体无法依靠自身运转时,人们已经有能力通过一整套机器来接管这些功能,从而使以往会被宣告"死亡"的人继续"活着"。

建筑学(architecture)是最早实践后现代主义思想的技术领域。后现代建筑摒弃了建筑整体风格应该一致的观点。后现代主义建筑师认为,将罗马式、哥特式、功能主义和其他任何建筑风格全部融合于同一个建筑来造一座大楼完全没问题。

另一个具有后现代特征的技术领域是**互联网**(Internet)。在互联网上,不存在统一的事实,在同样的环境中可能存在各种各样甚至是相互冲突的事实。互联网上的信息没有经过任何筛选,区分事实与非事实几乎不可能。教育工作者给学生布置通过互联网搜集信息的任务时应该注意到这一点。学生会认为他们找到的每一条信息都是真实可靠的。媒体强化了这种态度,因为媒体绝不会鼓励学生探索如何区分真相与非真相。互联网还显示出模糊界限的迹象：互联网上的信息具有极强的说服力，以致现实和虚拟之间的传统边界几乎消失了。互联网的虚拟现实本身似乎已经成为某种现实。我们发现对此现象最为敏感的同样是年轻人。

创造出的虚拟现实如此令人信服，以至于让人们混淆了现实世界和虚拟世界，这种可能性为电影制片人创作有趣的电影提供了另一个主题。《黑客帝国》三部曲（The Matrix trilogy）可能是其中最著名的例子。在这部电影中，人们经历的"正常生活"似乎是一个计算机程序，并在不知不觉中陷入其中。电影的主题是摆脱这种幻觉，从而找到真正的生活。这不禁让人想起柏拉图（Plato）的"洞穴之喻"。柏拉图在他的一部著作中称，人类所经历的"现实生活"实际上只是理念世界模糊不清的影子，这个理念世界才是真实的世界。哲学家逃离了洞穴世界，发现了外面的世界。于是，哲学家的任务就变成了回到洞穴，试图说服其他人，让他们相信自己被关在洞穴里，需要解放自己。这只是《黑客帝国》涉及的众多哲学思想之一，因此很多有关哲学的书籍和文章都会讨论这部电影，其中不乏著名的哲学家。另外两部涉及现实与虚拟主题的电影是《西蒙尼》（Simone）和《楚门的世界》（The Truman Show）。在《西蒙尼》中，一位电影制片人用朋友给他的软件创造了一个虚拟的女明星，并把她安排到自己的新电影中。公众相信她是一个真实的人，而对那些想当面见到她的公众，电影制片人必须不断地想办法隐藏她的虚拟人身份。在《楚门的世界》中，电影主角在某个时刻发现，他所经历的正常生活并不是现实。他的生活似乎是一部以他为主角的电影。当意识到这一点时，他就试图"逃离"这种电影中的存在方式，回到"现实生活"。

后现代哲学在今天非常流行，尽管大多数追随者并不十分了解哲学，无法将他们的观点归于后现代哲学。从另一个角度来说，认为所有真理都是相对的，对一些人来说这是无法接受的。因为他们相信真理适用于所有时间和地点。基督徒就是这样一个例子，尽管他们中的许多人无疑在生活方式上表现出后现代的特征。

5.8 迈向新的生活方式

在前面的章节中，我们已经提到一些克服技术主导人类和社会的补救措施，但一些

5

哲学家和其他人仍认为这些措施还不够彻底。卢德派(the Luddites)对新兴技术的出现反应最为激进。他们完全拒绝技术，甚至与之斗争(摧毁他们认为对人类自由构成巨大威胁的蒸汽机)。但众所周知，他们输掉了这场战斗，蒸汽机早就被在能源使用上对社会产生更大影响的技术超越了。在阿米什群体中，可以找到一种更微妙的方式来抵制技术控制。人们对阿米什人比较常见的印象是他们抵制一切新技术，像生活在中世纪一样。不过这是对阿米什人的误解。在某些条件下，阿米什人确实会接受某些新技术。他们拒绝那些主宰人们生活并使人们与外界联系过于紧密的技术，而接受那些随时可以决定是否使用从而与外界保持独立的技术。他们通常不接受电视，因为电视让他们与世界的联系太密切。但他们接受电话，因为电话可以加强社区范围内的联系。不过不能在家里安装电话，因为这会迫使我们不断地接听来电。电话被安装在公共场所，人们可以去那里打电话，同时也不会受到来电的打扰。不久前，一名报社记者声称，他当场"逮住"了一名"正在使用"手机打电话的阿米什人。这位记者显然不清楚手机完全符合阿米什人对可接受技术的标准：人们可以打开手机使用，也可以关掉手机，以避免被迫接听电话。这个例子表明，阿米什人并不反对现代技术本身，而是反对它们占据主导地位并使得人们依赖于他们所认为的外部世界。另一个例子是能源生产：阿米什人拥有电能，但只在当地发电。通过这种方式，他们不与中央能源供应相连，因此也就不依赖于中央能源供应。应当指出的是，一些阿米什群体比其他群体拒绝了更多的技术。这取决于他们对新技术可能产生影响的预期。阿米什人在技术的使用上不像当今大多数社会那样，先让技术进入然后再试图控制它。他们这种有选择的态度值得肯定，但应该承认阿米什人经常因为高估了技术可能带来的负面影响，而过快地拒绝了那些技术。这很可能是他们通常被冠以"技术厌恶者"的名声的原因，虽然这是不正确的。

以符合其宗教的方式使用技术，对此展现了高度自觉的另一个群体是正统犹太人。访问以色列时，可以观察到一些有趣的现象，许多技术已经根据正统犹太教的需要进行了调整。犹太教最重要的问题之一是休息日，即安息日。正统犹太人对不工作的含义有特定的解释，其中一种解释是生火就意味着工作。这给电器的使用带来很多问题，因为使用开关时产生的火花被认为是生火，因此安息日规定禁止使用电器开关。这就导致在安息日使用电梯时禁止按电梯的按钮。但是，人们并没有在这天停止使用电梯而一路爬到酒店的10楼,而是发明了安息日电梯:即在安息日,设定电梯停靠所有楼层。诚然,与其他日子相比,这让去10楼要花费更多的时间,但人们可以在遵守安息日不生火规定的情况下乘电梯到10楼。当然,在安息日加热也存在问题。于是人们对准备饭菜想出了创造性的办法:在安息日的前一天准备好饭菜,并放在保温壶或保温锅里。这样他们就可以做到在安息日当天不加热也可以吃上热气腾腾的饭菜了。安息日咖啡不是用咖啡机制作的,而是用热水(前一天加热并保存在保温壶里)和速溶咖啡粉冲泡而成。这样一来,现代技术(电梯自动化)和传统技术(保温方法)两者都被用来使技术设备满足传统犹太人宗教的规定。

荷兰哲学家埃格伯特·舒尔曼(Egbert Schuurman)就技术控制人类而不是人类控制技术发出了警告。同时,他倡导一种不受技术控制的生活方式。他的分析不仅涉及是否接受一项技术的决策,还涉及新技术的发展。他指出发展技术有不同的动机。自启蒙运动以来,**拥有力量**(motive of having power)一直是科学和技术两者发展的重要动机。弗朗西斯·培根(Francis Bacon)的名言"知识就是力量"就可以说明这一点。这种动机导致人类把现实只看作一种可以"随意"使用的资源。这样想的后果十分明了:材料和能源的枯竭、环境污染和景观破坏。此外,渴望通过技术来控制往往会产生相反的效果:技术成为一种支配力量,以至于人类都感到受其控制。这就是所谓的启蒙辩证法:人类寻求对现实的力量和控制,但最终似乎被技术所控制。舒尔曼认为唯一的出路是用**爱和关怀的动机**(motive of love and care)(或用源自《圣经》的术语:为上帝和人类管理和服务)取代控制的动机。很明显,舒尔曼对我们当前大部分文化的批判(对此他经常使用术语"巴比伦文化",缘于《圣经·创世纪》中驱使人建造巴别塔*的力量动机),与海德格尔以及受他启发的当代技术哲学家(如伊德、伯格曼)的批判截然不同。对这些当代技术哲学家来说,主要问题在于人们体验现实的方式;对舒尔曼来说,问题在于人们做事的动机。

5.9 哲学历史的持续影响

至此已经讨论了各种技术哲学家以及他们关于人与技术的思想,可以看出,这些哲

---

* 原文为the tower of Babylon,直译为"巴比伦塔",习惯译作"巴别塔"。——编者注

学家中的大多数都可以归于某些特定的哲学流派,其中四个流派如下。

- 现象学和存在主义。一般将胡塞尔和海德格尔视为这个流派重要的"创始人"。今天,可以发现像伊德和伯格曼等技术哲学家(见5.3节)显然是在这一传统中寻找自己的根源。他们关注个体体验现实的方式,通常会指出技术使这种体验愈发贫乏的危险。

- 法兰克福学派(the Frankfurter Schule)的追随者。这个哲学流派还有多位"创始人":霍克海默(Horkheimer)、阿多诺、马尔库塞(Marcuse)和哈贝马斯。如今,芬伯格和温纳(见5.6节)等哲学家都从这一系列思想中得到启发,他们认为现实变化的主要驱动力来自社会和政治。这些哲学家也看到了技术的危险性,但对通过政治手段影响技术的可能性又寄予厚望。

- 实用主义者。杜威被称为这一流派的"创始人"之一;如今,希克曼(见5.3节)和皮特在这一思想脉络上发展了一种技术哲学。这一系列思想可以简单归纳为:凡是有用的都是真理。

- 后现代主义者。举个例子,利奥塔以及他对计算机在社会中角色的远见卓识(见5.7节)。

- 以宗教信仰为出发点的哲学家。在历史上,我们可以发现弗里德里希·德绍尔(Friedrich Dessauer)属于这一流派。如今,舒尔曼(见5.8节)等人将自己的技术哲学建立在这样一种信念之上:在虚拟现实的背后存在看不见但决定现实的力量。

从这个非常简短且缺乏细节的概述中可以看出,就人与技术的关系这一主题而言,技术哲学反映出哲学主要流派的整体面貌。

5.10 技术作为人类一部分的教与学

关于"技术是人类存在的一部分"的教与学所需要的教学策略,应与前几章中所涉及的技术方面的教学策略不同。为了帮助学习者理解这个方面内容,需要激励他们去反思并形成自己的观点。可以采取角色扮演和小组讨论的策略。在本章,我们可以看到电影是一种表达方式,人们用它来表达技术作为人类存在的一部分的观点。这类电影可以引发讨论。类似地,文学、绘画甚至音乐也可以用来表达观点。总的来说,艺术家经常以一种非常发人深省的方式表达他们对"技术作为人类存在的一部分"的看法,这甚至比哲学家通过书籍和论文表达得更为深刻。不过,哲学出版物还是有助于解读那些电影、绘画、音乐和文学作品。有些书籍专门讨论一部电影,并展示它如何引发各种哲学讨论。对于教师来说,如果想用电影作为教学策略来教授技术是人类存在的一部分时,这类书籍就是一种有价值的背景资源。

第 6 章

技术伦理学与技术美学

上一章讲述了人的价值观在技术中所起的重要作用。其中一些价值观与人们认为应该做或者不应该做的事情有关,这些称为**道德价值观**(moral values)。伦理学是哲学中探讨道德价值观及其相关议题的领域。还有一些价值观则关乎人们认为美或丑、喜欢或者不喜欢,这被称为**审美价值观**(aesthetical values),本章将进一步探讨这两类价值观。6.1 节将探讨技术伦理学,6.5 节则简要介绍技术美学。

6.1 技术中的道德问题示例

为了了解在伦理学中如何反思道德议题,我们将遵循以下路径。首先,通过大量实例我们发现,道德难题是寻求这种反思的一个实际动机。无论是工程师群体还是非工程师群体,均可能面临道德难题,并需要借助这样的反思来探寻解决之道。然后,我们将探讨道德困境的本质。本节将探讨逻辑在分析道德困境时的作用,以阐明伦理学探讨不只是关乎感受与偏好,而且包含基于理性的推理。明确道德难题是什么以及如何分析道德难题之后,就可以探索多种方法来应对道德困境。随后的章节将揭示至少三种处理道德困境的方法。而在本章的尾声,我们将聚焦两个具体议题——风险议题与集体责任的特性。讨论过更为普遍的议题之后再来探讨它们,是因为并不是所有道德困境都会出现这两个议题。

工程师及非工程师群体面临着各种各样的道德议题。让我们先来关注工程师面临的困境。有关工程师所面临困境的文献日益丰富,其中有许多内容可以相似的方式应用于解决非工程师在运用技术时所面临的伦理学困境。在"工程伦理"领域的文献中,一些案例已演变为真正的"经典"。所有这些案例都涉及**安全**(safety)议题。"经典案例"之一是 1986 年"挑战者"号航天飞机的灾难性爆炸,此次爆炸似乎是火箭上使用的 O 型密封圈引发的。在测试阶段,工程师发现 O 型密封圈在一定条件下(尤其是低温环境)会发生故障。这种条件不仅仅是假设,而是极有可能在火箭发射期间发生的。尽管工程师已经发出警告,但这些知名飞行任务的时间表不允许有大幅变动。因此,工程师陷入了两难抉择:是服从公司利益还是捍卫航天员安全? 如果不改变设计,航天员就可能陷入险境。第二个案例是 20 世纪 60 年代末福特平托*(Ford Pinto)的设计。测试结果显示,当车辆遭遇超过一定速度的碰撞时,油箱存在爆炸的风险。然而,重新设计汽车将给公司带来时间与金钱上的双重损失。此处再次凸显了安全与经济效益之间的价值冲突。这类道德困境的第三个实例涉及旧金山湾区的快速交通系统(Bay Area Rapid Transit,简称 BART)。由于应用了列车自动控制系统,BART 系统可以实现无操作员与控制器的运营模式。然而,在项目建设过程中,工程师发现了严重的安全隐患。由于施工进度已经滞后,项目管理层没有理会工程师的担忧。直至一起严重事故发生后,工程师的警告方才得以重视与考虑。

以上主要讨论了安全议题。道德困境的第二个领域与**环境**(environmental)议题有关。通常而言,产品生产的成本越低,对自然环境的损害越大。这导致设计师时常面临财务考量与生态保护之间的两难抉择。自 20 世纪 60 年代末起,人类认识到技术对自然环境的损害。自此,这一问题逐渐从政治议程转向工程师的实践领域。为了创造工程师在进行环保设计时需要的工具和手段,一个被称为"绿色设计"的全新领域应运而生。这种方法并未真正解决成本与环境之间的两难选择。此外,人们可以清晰地看到,在可持续发展的挑战中,用户方面的问题很可能最为棘手,但也最具影响力。因此,尽管有了"绿色设计"工具箱,工程师在涉及生态事件时仍需做出合乎道德的决策。

---

* 平托是福特公司 20 世纪 70 年代生产的一款小型车,因其设计缺陷而遭诟病。这款车最初是为了对抗来自欧洲和日本的进口车,于 1970 年末车型推出,售价不到 2000 美元,重量轻,耗油量低。然而,由于其油箱设计存在安全隐患,在追尾事故中容易发生爆炸和起火,在使用过程中导致了致命事故。
——编者注

道德困境的第三个领域与信息和通信技术相关。工程师在此领域所面临的难题是如何让信息易于获得,同时保护相关人员的**隐私**(privacy)。在设计过程中,若上述两项要求不能同时满足,工程师就要陷入一个两难的困境。对于追捕犯罪嫌疑人的警察,或者决定是否为哪家企业拨款的银行,信息的可获得性是至关重要的。但对于其他人而言,确保此类信息保密同样至关重要。

然后是**军事**(military)用途设计整个领域也充满了道德困境。对于一些人来说,仅仅是这个领域的存在就构成一种道德困境:人们是否应当开发武器,这些东西唯一可能的用途就是伤害或剥夺人的生命。然而,即便在道德层面上可接受,工程师仍可能面临各种各样的困境:除了击中目标,武器还可能在多大程度上伤及无辜;武器可能导致的死亡方式是迅速无痛苦,还是缓慢且痛苦。事实上,这里的困境在于一个人的价值(即将被击中的人)与另一个人的价值(通过这一行动被保护或解放的人)之间的权衡。军用无人机等远程控制武器的出现,使得这一道德困境进一步复杂化。心理学研究表明,空间距离的增大往往伴随着心理距离的扩大。这意味着按下按钮投放炸弹的无人机操作员,相较于直接飞至目标人群上空的飞行员,在心理上可能更容易接受。

最后是**人类尊严**(human dignity)的议题。这一议题在医疗技术中尤为突出。医疗技术在传统上致力于治愈疾病,而当前一个被称为"人类增强"的领域正快速发展。该领域让人类超越天生的状态,变得更强健、更快、更聪明、更美丽、更长寿,等等。为了实现这些目标,需要对生物学、(纳米)物理学、认知科学、信息科学等进行整合。这些领域的"融合"虽能推动人类自我提升,但是将人类视为可修补机器的趋势也随之而来。人们不禁要问这是否尊重了人类的本质。令人震惊的是,在"合成生物学"领域,人们的目标是通过操控物质来改编乃至创造活体组织。这一领域用到的隐喻几乎全是机械方面的,如"活的机器"、像"乐高"积木的细胞、细胞的"底盘",等等。回溯历史,二战结束时,著名作家 C. S. 路易斯(C. S. Lewis)在其著作《人之废除》(The abolition of men)中,严厉批评了优生学对人类的操控。尽管当前的人类增强运动与当年旨在创造完美德意志民族的邪恶行径在诸多方面存在差异,比如人类增强运动的初衷是好的,但它依然与优生学有着共通之处。正如路易斯在书名中所寓意的那样,人类增强运动倾向于将人类视为机器,这无疑是对人类尊严的侵蚀。超人类主义的倡导者对这些技术表示出极大的热情,他们长期致力于探索长久保存人体的方法,以便在将来将其复活并延年益寿。除了人类增强运动,实现这一目标还可以通过人与计算机直接连接,这也涉及人类尊严的问题。然而雷·库兹韦尔(Ray Kurzweil)等人对此持乐观态度,视其为人类进化的下一个阶段。但是,将人形机器人当作人来陪伴智力衰退的老年人,人类的尊严同样面临威胁。这种利用老年人智力障碍的行为,难道不是一种"欺骗"吗?在人类尊严议题上出现了许多问题。

因此,工程师群体面临各种伦理议题。这也印证了上一章的观点:技术从一开始(设计阶段)就不是一个中立的议题。工程师群体往往认识不到这一点,且现行的工程教育常常缺少教授未来工程师处理伦理议题技能的课程。人们经常认为伦理只与用户相关,那么工程师可能会说:"我只负责根据需求开发产品,这个产品带来的后果是福是祸完全取决于用户。"现在我们更加了解了,伦理学不只是判断善恶好坏那么简单。当然,我们知道某些事情是错的。贿赂、间谍行为及蓄意破坏,我们在工程领域都可以看到这些行为,并且普遍认为这些是坏事。但伦理不只是说不要贿赂、不要从事间谍活动、不要蓄意破坏。伦理问题往往涉及道德困境。就像我们看到的那样,技术中道德困境的根源可以归结为四个议题:安全、环境、隐私与军事。这些困境均需要工程师来解决。工程师清楚地知道,如果要有效地解决这些难题,就必须对这些难题进行精准分析。因此,下文将转向对道德难题的分析,看看逻辑如何在其中发挥作用。

6.2 分析道德困境

对道德困境的构成及其成因进行合理的分析,就需要对涉及的各方及其所秉持的价值观进行全面的考察。这往往比"一方拥有一套价值观,而另一方拥有另一套价值观"的情况要复杂得多。在"挑战者"号的例子中,不仅有开发O型密封圈的公司、航天员,还有负责制定和监督法律要求执行情况的各种机构,以及将项目视为地位与声望象征的政府。当然,其中一方还有工程师。因为如果工程师在决策过程中不能发挥影响力,那么"责任"这个概念对他们而言几乎没有意义。在此,"责任"假定个体具备影响决策的可能性。这是工程伦理的一项基本假设。为了承担起这份责任,工程师需要具备**识别**(recognizing)并**分析**(analyzing)道德困境的能力,以及为某些决策构建合理**论证**(argumentations)的能力。这个部分将讨论并分析道德困境的含义。

除了相关各方之外,对困境本身的深入剖析亦不可或缺。在一些实例中,困境可能源自不正确的推理过程。如果发现这一点,则可能开辟解决问题的新路径。这一探讨引出了**逻辑学**(logic)。逻辑学是哲学中处理恰当论证的一个领域,逻辑分析则可以显示出推理过程的有效性。我们再仔细看一下"挑战者"号这一典型案例,工程师所做的推理及其导致的两难境地如下:

(1) O型密封圈在低温发射环境中无法正常发挥作用;

(2) "挑战者"号发射期间,温度很低;

(3) O型密封圈的失效将威胁航天员的生命安全;

(4) 工程师在设计过程中应避免采用可能危及用户生命安全的设计方案;

(5) 采用其他产品替代O型密封圈将推迟项目的整体进度;

(6) 保持项目进度按计划推进符合公司的利益;

(7) 工程师应当忠于所在的公司;

(8) 从上述(1)~(4)可以推论,工程师应寻找O型密封圈的替代方案;

(9) 从上述(5)~(7)可以推论,工程师不应寻找O型密封圈的替代方案;

(10) 结论(8)和(9)矛盾。

陈述(1)~(7)构成了推理的**前提**(premises)。它们是输入。结论(8)~(10)是输出。从前提推导至结论,存在多种推导方法,如演绎法与归纳法等[这些方法亦即**三段论**(syllogisms),将在后面详细探讨]。为了确保推理恰当,至少需要满足两个条件:一是所有前提必须为真;二是结论的推导方式必须恰当。这一切看上去都是事实,而当下的困境也不只源于不恰当的推理。那么结论(8)与(9)之间的矛盾是怎么出现的呢?前提(1)(2)(3)(5)(6)同这个矛盾都没有直接关联。这些都是事实。这个案例的难题在于,无法同时应用道德规范(4)与(7)。因此,工程师只能选择一个道德规范优先应用。在推理过程中将这两个道德规范剔除其中任何一个,都可以消除结论(8)与(9)之间的矛盾。

如前所述,由前提推导出结论的方法多种多样。作为一种公认的推理方法,**演绎法**(deduction)或许最为知名。有两种演绎三段论的方式,第一种如下所示:

(1) 所有人都会死;

(2) 苏格拉底是人；

(3) 基于(1)和(2)可以推断：苏格拉底会死。

这叫作**肯定前件式**(modus ponens)三段论。

第二种演绎三段论的方式如下所示：

(1) 所有鱼类均具备鳃；

(2) 鲸不具备鳃；

(3) 基于(1)和(2)可以推断：鲸不属于鱼类。

这叫作**否定后件式**(modus tollens)三段论。

一般而言，在演绎法中，普遍规则被视为一个前提，关于某一具体情况的命题则构成另一前提。基于这些前提，可以推导出涉及该具体情况的结论。而一般而言，在**归纳法**(induction)中，推理朝着相反的方向进行：由关于具体情况的前提推导出普遍规则作为结论。而通过归纳得出的结论并非无懈可击，因为可能存在尚未在前提中提及的其他情况，这些情况与所推导出的普遍规则相矛盾。因此，这种结论是推测性的。在很多情况下，这没什么可担心的。然而，当运用归纳法构建科学理论体系时，许多人会觉得有问题。时至今日，科学哲学领域仍苦于缺乏归纳法的替代方案。迄今为止，人们似乎不得不接受科学知识总是带有推测性的特征。我们只能加强对理论的支持，以提高理论的确是正确的可能性。

在伦理学领域，可以看到一种尤为不恰当的推理方式，即**自然主义谬误**(naturalistic fallacy)。这种谬误意味着从只包含事实的前提中推导出一个规范。这是什么意思呢？可以通过一个实例来理解这个谬误是什么，以及为什么说这确实是个谬误。以包装使用的环境议题为例，可以进行如下一系列推理：

(1) 塑料袋由塑料材料加工而成(这是一个事实)；

(2) 塑料是不环保的(这也是一个事实)；

(3) 基于上述两点事实，可以推断：人们应避免使用塑料袋(此结论是一个规范：告诉人们何种行为是好的，或如本例所示告诉人们何种行为是不好的)。

除了前提(2)不再被广泛认同之外，上述推理乍看之下似乎颇具吸引力，但这并非合理的推理，而是自然主义谬误的一个例子。结论(3)作为一个规范，无法仅由(1)和(2)

所述的事实性前提得出。对于不太关注环境危害又倾向于寻求经济且便捷解决方案的人来说,他完全有可能接受事实(1)和(2),但不认同结论(3)这个行为规范。因此,为了推导出结论(3),还需引入一个前提:

a. 人们不应当使用不环保的材料。

像a这样的前提并不是像(1)和(2)那样的事实,而是一个规范。唯有将此规范纳入前提考量,方能推导出有效的结论。任何认同"保护环境为善行"这一规范并接受"塑料袋的确危害环境"这一事实的人,势必会得出使用塑料袋是不良行为的结论。之前"挑战者"号的例子是一个正确的推理,因为推理中作为结论的规范,源自一套同时包含事实和规范的前提。尽管在此例中,由事实推导出规范的谬误看上去显而易见,但是当我们仔细读报纸,就会发现自然主义谬误在伦理学推理中屡见不鲜。有时这种误用是意外的,有时则被有意识地运用,以得出符合个人利益的结论。

考虑到我们已经了解了道德难题的本质,接下来让我们看一看不同个体如何运用不同的方法来解决道德难题。

6.3 处理道德议题的不同方法

面对相同的道德难题,不同的人会做出不同的决策。为什么会这样呢?或许是因为他们对支持某些道德论证的事实持不同看法。拿之前的一个实例来说,关于塑料是否对环境有害(或至少相较于其他做袋子的材料而言更为有害)的分歧,很可能就是否使用塑料袋形成不同的结论。然而,在有关论证的规范前提上亦可能产生分歧。我们是否真地应当避免使用所有对环境构成不良影响的材料?在这个案例中,这样的普遍性规范适用于该案例中的道德推理吗?的确还存在其他方法,这些方法通常可以划分为三种,每种都可以在技术领域中找到,以下将逐一讨论。

6.3.1 基于美德的方法

处理伦理议题的一种方法是参考特定个体(如工程师)应当具备的道德品质。一般来说,这些品质包括诚实、富于同情心、尊重他人,等等。每一项道德决策都是对照这样的品质或**美德**(virtues)来判断的。那些看上去最符合相关道德美德标准的决策被视为最优决策,即便此举可能打破某些规则或对结果造成负面影响。出于照顾受难同胞的美德,一个人可能决定庇护一个被警察追捕、实际上无辜的人。这样做不仅打破了规则,即不应做违背法律的行为,而且可能给庇护者带来不良后果:若藏匿者被发现,庇护者亦可能被拘捕。但在美德方法中,所有东西都不能超越道德决策的基石——美德。著名哲学家亚里士多德(Aristotle)在其著作《尼各马可伦理学》(Nicomachean Ethics)中提出了这一方法。他强调,最高层次的美德是在极端之间寻求适当的折中。例如,好的生活是个体应当在极端吝啬、从不享受生活与挥霍无度、过度消费奢侈品之间,寻求一个适当的位置。

在技术领域我们找到这种美德方法了吗?是的,的确找到了。工程伦理教科书提到的美德包括诚实、真实、可靠。这些美德也出现在专业的工程学组织所发布的道德准则中。例如,1990年电气电子工程师学会(Institute of Electrical and Electronics Engineers,简称IEEE)的道德准则,要求工程师在陈述基于现有资料的主张或做出判断时,必须保持诚实(顺便说一下,第一份IEEE伦理准则始于1912年)。一般来说,工程师应当具备责任意识。工程师的决定往往会对其他人的生活产生很大影响。许多"吹哨"实例("吹哨"一词通常指工程师个人呼吁关注公司中某个不好的做法,尽管这可能会威胁其在公司中的地位)的出现,源自工程师对未来用户的安全或环境的责任感,与公司基于利益(例如,公司的经济利益或声誉)的操作之间产生了冲突。显然,企业界对基于美德的伦理方法往往持有一种模棱两可的态度。一方面,他们承认个人美德的重要性。另一方面,在实际决策中,当工程师将美德凌驾于公司的规则之上时,却往往难以得到公司的支持。但在企业以外的社会环境中,基于美德的行为更容易受到认可与赞赏。政府通常会支持吹哨人,有时甚至会保护他们,以防止其因美德行为而处于不利的地位。

6.3.2 基于结果的方法

第二种解决道德难题的方法是将**结果**(consequences)作为道德决策的基础。这种方法需要对所有参与者的所有影响进行全面评估,以确定哪个决策具有最佳的整体结果。"最佳"决策经常是能够"带来最大幸福感"的决策。如果一个决策让一个人觉得幸福、四个人觉得不太幸福,而另一个决策让四个人觉得幸福,仅一个人感到不太幸福,那么依据效果导向的原则，后面的决策比前面的决策更佳，虽然这一选择可能没有考虑规则和美德。"在商店内偷一块巧克力棒令我感到快乐，而且店里有如此之多的巧克力棒，店主很可能察觉不到少了一块，这件事没有让任何人不快乐，因此有人会主张这种行为在道德上是被允许的。"即使打破了规则（在商店偷窃在法律上是不允许的），无视美德（对店主诚实），但因为总的后果是积极的，所以这个行为从道德层面来讲没有问题。技术领域有这样的方法吗？答案是肯定的。

在第4章，**技术评估**（technology assessment）被界定为找出一项技术决策可能引发的后果的过程。技术评估通常遵循以下路径：①选定作为研究重点的技术；②描述该技术，包括其核心技术、辅助技术或使能技术，以及该技术的预期发展；③分析涉及该过程的所有社会参与者，既包括技术开发者、技术用户、技术监管机构，又包括其他团体，剖析他们的利益诉求及其影响技术发展的可能性；④通常采用影响树的模型，分析某一决策可能带来的所有影响，必要时还要详细说明影响树对应的不同场景；⑤研究剪除及修剪影响树的选项（通过剪除影响树上某一分支，避免不希望的影响出现，或是通过修剪影响树来创造期望但尚未计划的影响）来优化决策效果的可能性。通过这种方式，寻求能给最大的群体带来最积极影响的决策。尽管"最积极"可从经济意义上理解，但技术评估观念当然不是在这个环境下出现的。技术评估背后的理念是，让参与其中负责任的工程师，以及受技术发展影响的整个社区，在涉及技术时做出合乎伦理的、明智的决策。有一种更为受限的技术，侧重于技术发展对自然生态环境的影响。这种评估称为环境影响评估。例如在一些国家，企业新建工厂或公路等项目必须取得政府的许可且须强制进行环境影响评估。

6.3.3 基于规则（职责）的方法

第三种解决道德问题的方法是强调规则在道德决策中的核心地位。无论情境如何，都要遵守规则。

"戒杀戮"既适用于士兵，也适用于公民。基于这条规则，和平主义者可以为其不服兵役的决定进行辩护。"如实相告"可能是医生总是如实告知病人病情的动机，即使病人尚未充分准备好面对这一现实。著名哲学家伊曼努尔·康德（Immanuel Kant）是提出该方法的杰出代表之一。他区分了两种命令或**命令句**（imperatives）：假言命令与定言命令。**假言命令**（hypothetical imperatives）是这样的：如果你想要 X，则做 A；你不需要总是做 A，而只需要在你想要 X 发生时做 A。与此相反，**定言命令**（categorical imperatives）是一直都应该执行的。在康德伦理学中，定言命令占据重要地位，其中最著名的论证如下："要按照你同时能够意欲其作为法则的普遍性的准则去行动。"*根据这条规则，偷窃行为在道德上是有问题的。偷窃之人不太可能希望所有人都去偷。因为没人愿意见到每个人都实施偷窃，那样会导致社会混乱，因为每个人都从别人那里偷（实际上会造成我失去偷来的巧克力棒，因为其他人会来偷我的）。另一方面，帮助有需要的人被视为道德上值得推崇的行为，因为若所有人都如此，生活就会很美好。我们又要问，在技术领域能找到这种方法吗？答案是可以。

当前，众多科技企业制定了道德准则。这些准则是雇主在做出涉及道德因素的决策时应遵循的通用指南。不仅企业如此，专业工程协会也发布了这样的准则，并要求其成员遵循这些准则。前文提到的 IEEE 在其《道德准则1990》（1990 Code of Ethics）中，就有一项规则，叫"拒绝一切形式的贿赂"。换句话说，无论后果如何，无论一个人价值观如何，均应拒绝贿赂行为。在互联网上也可以找到大量**职业道德准则**（professional ethical codes）的实例。快速研究这些实例就会发现，这些准则并非全部以规则系统的形式呈现，即提供只能以唯一方式解读的一系列清晰的行为序列。许多准则更多地采用**启发式**（heuristic），即提供发现解决方案可能的方向，而不是在准则中写明确切的规则。不过，这些准则确实为道德推理给出了方向，因此可视为技术领域中规则导向道德推理方法的实例。

6.3.4 像解决设计问题一样解决伦理难题

乍一看，解决道德困境是在两个或两个以上相互冲突的价值观之间做出选择。然而，卡罗琳·惠特贝克（Caroline Whitbeck）提出了一种更有创意的方法，即将道德困境视为设计问题来处理。设计问题与道德难题存在共同之处，即两者都是不明确的，这与科学家面临的许多问题有所不同。例如，科学家面临的难题是确定两个变量之间的关系，

---

* 参见《道德形而上学的奠基（注释本）》，康德著，李秋零译注，中国人民大学出版社，2013年。

尽管解决这类问题可能极具挑战性,但问题本身是明确的。相比之下,设计问题与道德难题通常都没有明确的定义。因此,惠特贝克建议把道德问题当作设计问题来处理。设计并不只是在不同选项中作选择,还包括创造新的选项。这样的新选项有助于避免道德困境中的两难选择。让我们再回到"挑战者"号的实例,我们已经看到在"给用户带来生命威胁是不好的"与"忠于公司是好的"两个规范之间做出选择,这可能是解决困境的一种方式,但并非唯一的方式。原则上,人们可以考虑在设计上做最低限度调整的可能性,这样既不会大幅度延误项目进度,又能增强O型密封圈在高温*环境下的安全性。这种方法并不是对规范前提的挑战,而是对事实前提的挑战。惠特贝克认为通过观察设计师如何解决设计问题,有助于解决道德难题。在第4章中,已经阐述了设计师如何运用各种方法和工具来完成设计工作。或许可以开发类似的方法和工具,以应对技术领域的道德难题。

6.4 道德困境中的两个具体议题

到目前为止,本章所探讨的议题适用于技术领域所有的道德难题。在本章的最后一节,将处理两个具体的议题,它们仅在特定情况下出现,不会存在于所有技术领域的道德难题中。

6.4.1 处理风险

有关技术伦理的讨论若忽视风险(risks)议题,那么该讨论就是不全面的。"风险"这一概念与未来的偶然性与不确定性有关。如果能确切预知设计决策的影响,那么关于设计决策的诸多争论将迎刃而解。但我们无从得知。这也适用于安全方面。我们永远无法知道设计能否足够安全地运行。并且如果设计一件人工物时要求排除所有风险,那么即使有可能,也要耗费高昂的成本。因此,适度容忍一定的风险就成为必然。可是我们要容忍到什么程度?诚然,推动降低产品成本的压力始终存在。为了一个成本更低的设计需承担更多风险,这种追求达到什么程度就成了不负责任?问题在于单纯的风险概念

---

* 此处应为"低温",疑原书有误。——编者注

不仅涉及客观数据,还与人们对某些影响的严重性的主观感受有关。除此之外,还必须考虑事故发生的可能性(假定对此可以进行精确估算)及其后果的严重性。以核反应堆为例,尽管其爆炸概率极低,但一旦发生,后果将是灾难性的,不仅因为受影响的人数众多,还因为爆炸对人类影响的方式(可能导致许多人甚至未来几代人缓慢而痛苦地死亡)。可是,该如何权衡客观数据(例如发生事故的概率)与对事故严重性的主观感受?这让有关风险的讨论变得极为困难。工程师作为风险讨论不可或缺的参与者,他们了解自己在道德议题上的方法选择,并依据逻辑进行合理论证是很有必要的。

风险议题催生了**预防原则**(precaution principle),当技术开发的风险难以预估时,可将该原则用于指导技术开发决策。预防原则告诉工程师要始终活在安全一边。如果某项技术开发在可能引起灾难的问题上存在重大不确定性,预防原则的主张是:不要继续。预防原则正是基于规则的伦理方法的一个例子。

6.4.2 集体责任

技术和工程通常不是由个人完成,而是由团队协作完成。探讨技术过程的那一章已经指出设计经常是团队协作,这一特性影响了技术和工程领域的伦理。当技术原因引发灾难时,提供技术的整个公司或团队将被追责。技术上的责任不仅是个人性质的,更是**集体性的**(collective)。这让技术开发中的伦理考量变得尤为复杂。如果责任首先是集体性的,那么个体如何感知责任感?个体可以为自己辩护,称自己仅仅是整个企业的一小部分,一个人不可能改变这个过程。从哲学层面审视,我们不禁要问:是否存在一种群体内部共享的类似"群体思维"的东西,其中包含群体中每个个体都应当具备的美德,包括诚实、正直、可靠等。当然,这一概念是有问题的,许多哲学家拒绝了这个概念。实际上,许多公司尝试构建某种群体感受,但人们可能会质疑群体感受是否与每个个体感受的共性相同。群体思维并不是某种神秘的、不相关的存在,而是个体感受的共性。集体性实际上是群体成员向这种共同性给出的某种承诺。

由于技术开发涉及越来越多不同的人群(工程师、管理者、政治家及用户等),集体责任的议题变得越来越重要。这一趋势带来一个后果:当一项技术开发引发灾难时,明确责任归属变得愈发棘手。遗憾的是,这种复杂的开发项目因管理难度极大,更容易存在缺陷。而且由于此类项目通常规模庞大，复杂性也显著增加，这些缺陷的影响就有可能极为重大。在这种情境下，如果不能明确谁该为什么负责，出错的可能性就会很大，因为所有人都会意识到即使出错，自己也难以被认定为责任人。

在深入探究技术中道德价值的各个维度之后，现在我们将视线转向技术的第二种价值——美学价值。

6.5 技术美学

本书有关美学的阐述将更为精炼。不是因为这不够有趣，而是因为探讨技术美学的文献相较于技术伦理要少得多。在诸多技术领域，伦理议题往往比美学议题更为突出。比如，机械工程师在设计一款新型发动机时，不会十分关注其美学价值。大部分人甚至见不到它，那么为什么要花功夫让它博得大众美学上的理解呢？美学关乎技术人工物如何唤起人们诸如美丽、幸福这样积极的情感。在今天这个时代，美学亦与个体身份、生活方式紧密相连。总体而言，在过去数十年间美学在我们文化领域的重要性日益提升，因此人类所有的感官都被调动起来，包括视觉、听觉、触觉、嗅觉及味觉。以电影《欲望巴黎》(Vatel)所展现的巴洛克时期的节日为例，所有的感官都被调动了：有绚烂多彩的场面（视觉），有悠扬悦耳的音乐（听觉），也有以一种赏心悦目的方式（又是视觉）呈现的充满美食珍馐（味觉）与诱人香气（嗅觉）的宴会。观影人坐在柔软舒适的座椅上（触觉）——所做的每件事都是为了取悦所有感官。

尽管美学与各个技术领域都有关系，但在建筑设计和工业设计这两个领域尤为重要。这两个领域均可视为工程与艺术的融合体。建筑师在设计时既要确保建筑在技术上合理，又要获得公众对其外观的认可；同样，工业设计师也要保证大规模生产的消费品功能良好且外观精美。可是，何时才能评价一件人工物是否具备"美感"或普遍的美学价值，这就是美学作为一个哲学领域所关心的问题。

首先来关注建筑设计中的美学。分析建筑美学价值的方法之一是寻找它使用了哪些符号来表达某些价值观。以著名建筑师安东尼·高迪（Antoni Gaudi）为例，他设计的建筑主要位于西班牙的巴塞罗那。其中，圣家族大教堂（Sagrada Familia）很可能是他最为人所熟知的杰作。在这座教堂内,我们可以发现许多展现某些价值观的手法。特别是高迪对自然之美的深深崇敬,在其建筑中造就了诸多妙趣横生的细节。他曾言,大自然是色彩斑斓的画卷。出于这个原因,他经常采用碎釉陶瓷装饰曲面,赋予其绚丽多彩的外观。他偏好曲面而摒弃直线的动机,亦源于他从大自然中获得的准则。他认为自然界中鲜有直线存在,这一观念在其建筑作品中也得到了充分体现。对比圣家族大教堂目前已完工的两个立面,不难发现其中存在显著的差异。其中一个立面,展现了繁复的雕塑细节和巴洛克式的风格;与之相对的立面则展现出截然不同的风貌,该立面画面简约而谦逊,人物刻画更侧重于象征意义而非现实再现。尽管教堂内部大部分尚未完工,但可以看到高迪在他的杰作中使用了树形柱。在这儿我们再次发现对大自然的借鉴,体现了大自然才是终极的设计师。教堂内有一个小型展区,高迪在他的建筑设计中用到的所有对自然的模仿,都在这个小型展区展示。圣家族大教堂令人瞩目的美学魅力,部分正是由于高迪在设计中对价值观象征性表达的巧妙运用。

　　类似地,早期的建筑师也在他们的建筑作品中采用了其他手法来表达价值观。例如,哥特式教堂通过其独特的形态,一方面以高耸入云的姿态直指苍穹,另一方面又允许自然光线进入,营造出一种强烈的宗教氛围。此外,哥特式教堂还营造出人类既卑微又渺小的感觉。任何踏入哥特式教堂的人都不免会感受到,在这座建筑巨大的空间中自己只是渺小的存在。建筑表达了人们对世界以及对人类自身的看法(在哲学上也称之为形而上学)。因此,建筑的美与其表达这些看法的方式有关。

　　第二个比较注重美学价值的工程领域是工业设计。像建筑设计一样,技术与艺术之间的紧密联系在工业设计领域也得到了充分展现。传统的工业设计师主要关注新产品的外观设计,这些产品通常是批量生产的消费品。如今,工业设计师的关注范围已逐渐拓展至功能性层面。在这种情况下,工业设计师参与开发过程的时间点经常从尾声(即所有技术性细节已尘埃落定,仅需进行外观设计时)转变为早期介入,即决定产品要实现什么功能的时候。当需要在消费者中进行实验,或需要测试实物模型或原型时,往往会邀请工业设计师参加。不过直到今天,工业设计师的主要关注点依然是产品所能激发的美感与幸福感。何种形状、颜色、气味、声音和材质能够唤起这样的积极情感,这是一个随着时代而变化的问题。工业设计师需紧跟这些趋势,并致力于将其转化为具体的产品形状、颜色、气味、声音及质感。其中牵涉到人类所有的感官,而工业设计师则设法运用一切的可能性。

以上内容当然不能涵盖技术与美学价值的全部内容。技术在提升艺术审美价值表达方面发挥了越来越重要的作用。举例来说,可以想象艺术家们如何运用计算机,创造几乎全新的艺术形式("计算机艺术")。新材料或生产工艺的更新,也为艺术家们开辟了新的途径,为他们的艺术作品增添美感。诸如此类的例子不胜枚举。系统地探讨技术如何在艺术领域发挥效用,则势必会触及艺术哲学的领域。尽管该领域的研究极具吸引力,鉴于本书主要聚焦于技术哲学,关于技术在艺术中扮演的角色,在此将不再深入展开讨论。

最后需要着重说明的是,与伦理学一样,美学也可以运用逻辑,将关于美的探讨超越纯粹情感与个体经验的层次。认定一个客体是否应当是美的,可以进行推理,与分析一项活动是否道德的路径相同。一般而言,推理可划分为三种类型:理论推理、伦理推理和美学推理。理论推理的结论包含事实;伦理推理的结论包含行为的选择,即何为应做之事,何为不应做之事;美学推理的结论则包含对经验的鉴赏,即观察一个客体后,认为其美或不美。在美学推理中,逻辑规则的运用与其他类型的推理并无二致。因此,有关品味的探讨是可能的。

6.6 有关技术伦理学与技术美学的教学

伦理学与美学或许是技术中人的决策最为彰显的领域。任何将技术视为中性研究或开发的建议,都会立刻显得苍白无力。因此,这些领域理应在技术教学中拥有合理的地位。伦理学与美学清晰地呈现了技术的人性特征。互联网上可以找到大量案例研究,用于向各年龄段学生教授伦理分析。然而遗憾的是,就美学而言,尚缺乏如此丰富的案例。相比某些知识或技能的教学,价值观的教学需要不同的策略。实际上,可参考上一章提及的教学策略:角色扮演与小组讨论。只有通过亲身体验价值观的形成过程,才能真正理解它们的本质。如前文所述,电影也可作为激发讨论的有效工具。已有书籍明确阐明了一些影片,如《星际迷航》(Star Trek)系列蕴含的伦理议题。这类书籍有助于教育工作者认识到,可以利用电影作为极具吸引力和启发性的引子,激发学生开展伦理学的讨论。媒介使用的进一步探讨,将在第9章详细展开。

在技术教授与学习的过程中,逻辑可以应用于伦理学与美学之中,这一事实或许最令人吃惊,但肯定不是一目了然的。学习者在伦理学与美学的探讨中,只有超越纯粹情感与个人经验的局限时,才能展开富有成效的辩论。遗憾的是,伦理学与美学的许多讨论是徒劳的,因为推理过程存在未被察觉的谬误,但却鲜有人深入剖析这些推理的合理性。技术伦理学与技术美学方面的教授与学习有望改善上述困境。一些人担心技术伦理学与美学教授可能陷入被动灌输,逻辑学的应用将有助于缓解这些担忧。教条式灌输并非必然。有关技术的伦理学和美学的教授,应当致力于引导学习者通过正确的推理,以适当的方式形成自己的观点,避免受个人信念或信仰的干扰。

第7章
学习者的技术哲学

本书的第2至6章详细介绍了关于技术哲学的当代见解。这些就是哲学家们的看法。非哲学家又是如何认为的呢？他们对技术持怎样的观点？在教育领域，我们更关注的是学生对"什么是技术"的看法。当然，将学生所理解的技术与普通大众所持的技术观点进行比较也是很有趣的，这正是本章所要阐述的内容。

7.1 学生的技术概念

学生对技术可能产生两种看法：一种是关于技术是什么（可称之为技术概念）；另一种是如何来评价技术（可称之为技术态度）。在后续章节（见7.2节）我们将会看到这两种观念是相互关联的，现在先让我们试着分别了解一下这两种看法。

在过去的几十年里，发达国家和发展中国家均已对学生的技术态度进行了调查和研究。虽然不同的研究在细节层面上会呈现出不同的结果，但是这些研究结果存在很大的共性。其中最惊人的结果是，在将技术概念化的四种观点中（作为人工物、作为知识、作为过程以及作为意志），学生最容易识别人工物这一维度。如果询问一名普通的学生他是否能描述什么是技术，得到的答案最有可能就是一系列技术人工物。而且，大多数学生可以毫不费力地提到各种各样的人工物，如收音机、电视机、激光器、机器人等。但再仔细一看，学生所展示的技术列表并不像初看上去那么丰富。学生对技术的认知具有局限性，第一个局限性是计算机在技术列表中占据了突出的位置。计算机被视为技术的首要代表，但这并不是学生对技术概念的唯一偏见。第二个偏见是将技术主要视为"高科技"。在一次采访中,一个13岁的男孩在回答研究人员关于"什么是技术"问题时提到了蒸汽机,但他又很快收回了自己的回答,说这不是一个恰当的技术例子,因为它太老了。很明显在他们的观念中,至少必须是20世纪的发明才能被称为"技术"。当研究人员给学生一张关于设备和活动的清单,要求他们按照"技术含量"的高低对这些物品进行排序时,也发现了同样的结果。清单中所提供的设备和活动包括激光、机器人、木勺和塑料杯等,结果不出所料,激光和机器人类型的设备排名很高,而木勺和塑料杯从来没有出现在列表的顶部(在大多数情况下,它们始终在底部)。研究数据的因素分析显示,学生会根据设备的复杂程度("高科技"和"低科技")对其进行分组,似乎越复杂的设备就越应该被称为技术人工物。令人惊讶的是,发展中国家的学生对技术的概念认知也倾向于强调"高科技"。也许这是因为,在这些国家,"高科技"经常被视为提升国家发展水平的一个重要因素。在他们的观念中,"技术"就是所有这些近乎神奇的事物,能够帮助一个国家达到现代化、工业化国家的水平。总的来说,可以看到孩子们对技术的看法正是社会给他们传递的。电视和杂志也在不断强化"技术就是'高科技'"的观念。因此,随着时间的推移,学生对什么是技术的看法就变得狭隘。

学生对人工物维度的技术概念关注远远超过了其他维度。学生很少把技术看作与知识有关的东西。技术充其量只是在应用来自其他学科的知识,而科学是提供此类知识的首选。然而这一点对于学生来说也不甚清晰。大多数学生要么认为科学和技术是完全不同且无关的,要么认为两者没有区别(这意味着是科学带来了所有的设备,技术只是科学的另一种表述)。很少有人认识到科学和技术是两个相互影响的独立实体。而来自其他领域的知识,如关于人类、金融或法律的知识,几乎从未被视为技术的来源。

在学生的技术概念中,"过程"这一维度也常常被忽视。当提到活动时,大多数情况下都是指制造和使用过程,很少有学生意识到设计是一项重要的技术活动。显然,他们主要是以技术的结果而非起源来界定技术。在回答"技术的特征是什么"这个问题时,年轻人很少会提到"创造力""创新""想象力"这些词。

关于技术的人文和社会方面,我们可以看到年轻人通常对技术持积极态度,没有多少青少年学生能意识到技术的负面影响。这也许是因为他们主观上将技术视为人工物。此外,他们的直观经验是这些人工物往往能使生活变得更便利、更舒适,而技术的负面影响属于不同层次,他们没有接触到或没有引起他们注意。

由此可以得出结论,学生对技术的印象往往是狭隘的和有偏见的。这反映了广告和流行杂志向他们展示技术的方式。在这些媒体中,技术总是新的高科技产品,人们应该即刻购买并享受。这掩盖了这些技术产品问世前的设计和制造过程。如果不了解这些过程,人们也不太可能会意识到技术是人类决策的产物,其中知识在决策中发挥着重要作用。因此,人工物维度在学生的技术概念中占重要地位,而知识、过程和人类的维度则被隐没。

7.2 学生的技术态度

有关学生技术态度的研究表明,学生对技术大多保持积极感受。男孩和女孩都对技术感兴趣。然而,在许多研究中,男孩和女孩之间存在着显著的差异,男孩往往看起来比女孩对技术更感兴趣。虽然这听起来像是一种刻板印象,但遗憾的是这似乎仍是现实。一些研究得出了这样一个有趣的结论:就兴趣而言,女孩不那么积极的态度与她们对技术的狭隘看法有关。从上一节可知,学生的技术概念以人工物为导向,而女孩的这种倾向强于男孩。此外,这种对技术人工制品维度(不是人文和社会维度)的聚集关注,似乎正是她们对技术不那么感兴趣的缘由。这与许多其他关于兴趣的性别差异研究也是非常吻合的。从这些研究中可知,相比于男孩,女孩对人文和社会问题更感兴趣。如果她们认为技术与人工物的关系要大于与人类的关系,那么她们便会得出这样的结论,即相较于技术,她们对其他侧重于人文和社会的学科更感兴趣。值得注意的是,在这些关于态度的研究中,所谓的"兴趣"可能与对未知事物的好奇心和兴奋感密切相关。这一结论可以从以下事实得出:几乎在所有调查学生感兴趣的学校科目的研究中发现,一旦课程开课,学生对这些科目的兴趣就会下降。这不太可能是因为所有学科的教师都不能很好地维持学生对学科的兴趣,更可能是因为学生对学科有了一些了解后,学科失去了神秘感,从而导致他们对这门学科的兴趣下降。

除兴趣外,学生的技术态度还包含了很多其他的维度。学生也认为技术对他们的生活很重要。前文已经看到他们提及了许多人工物的例子,显然,他们意识到这些人工物在他们的日常生活中发挥着重要的作用。此外,他们大多数都认为技术对他们的生活产生了积极的作用。很少有学生能够公正、全面地看待技术,既考虑到技术的积极影响,又考虑到技术的消极影响。这意味着许多学生缺乏批判性评价技术的能力,他们是不太具有批判性的消费者。这不免让人感到担忧。因此,如果我们将批判性消费视为每个公民都应具备的技术素养的重要组成部分,那么那些教授技术的人还有大量工作要做。女孩和男孩都认为技术是男女皆宜的。然而,就女孩而言,这是一个相当理论化的观点,因为很少有女孩说自己想从事技术相关的职业。当然,她们会认为工程领域应该有女性,但不是自己。从这个层面来看,我们必须谨慎地解读她们对技术的兴趣和相关性所发表的积极言论。

7.3 公众对技术的看法

青少年的技术概念和态度如上所述,那么成年人是怎样的呢?在对技术的认知上,智慧会随着年龄的增长而增加吗?某种程度上确实如此,但仍有很大的提升空间。

关于公众的技术态度的两项主要研究分别是美国的国家科学基金会(National Science Foundation,NSF)研究和欧洲的欧洲晴雨表(Eurobarometer)研究。美国国家科学基金会的研究——《科学与工程指标(2002)》显示,美国成年人对科学和技术有一定的兴趣,其中,大多数人觉得对科学和技术知之甚少。他们倾向于从电视上获取知识,但黄金时段的电视节目并不太关注科学和技术。那些真正想要了解更多科学和技术的人可以通过互联网进行探索。总的来说,人们对科学和技术的态度是积极的。众多技术预计将会对提升生活质量产生积极影响,包括太阳能、计算机、电信、互联网以及太空探索(虽然影响相对较小)。然而,并非所有科技都受到公众的普遍欢迎,基因工程和核能就是两个例外。令人惊讶的是,即使基础研究并不直接转化为工业应用,公众似乎仍对其抱有很高的期望。2001年12月,欧洲委员会(European Commission)发布了关于欧洲公众对科学和技术理解程度的欧洲晴雨表。研究表明,大多数人表示他们感觉对科学和技术知之甚少,电视是他们获取科学和技术信息的主要来源。同样,该研究也发现公众对基础研究态度积极。绝大多数人认为,科学和技术应该受到社会的限制,科学家和工程师显然不属于公众高度信赖的职业。无论是美国国家科学基金会的研究还是欧洲晴雨表,都没有试图厘清人们是否理解科学和技术之间的区别。2001年,国际技术教育协会(the International Association of Technology Education, ITEA)委托盖洛普公司(the Gallup Organization)进行了一项全国性的民意调查,专门了解公众的技术知识和技术态度。调查结果显示,三分之二的受访者认为"技术"一词几乎等同于"计算机"。公众更多地把"设计"一词与蓝图和图纸联系在一起,而不是与创造性解决问题的过程联系在一起。公众当然希望能更好地了解事物的运作方式,同时他们也认可技术应该在学校课程中占有一席之地。调查中一些有关简单技术案例的统计结果表明,公众现有的技术知识仍有待提升。此外,调研结果还显示,公众似乎也不知道科学和技术有何不同。

总的来说,成年人和青少年一样,他们对技术概念(主要是计算机)的认知往往是狭隘的,但持有积极的态度。

第8章
借助教育重塑技术概念

在本书的第2至6章中,我们深入探讨了哲学家们眼中的技术的特征,在第7章中还分析了青少年和成年人对这些特征的认识程度。现在,我们可以进一步思考如何改变人们对技术的固有观念,使之更加完整准确;又该如何创设教学环境,帮助学习者对技术形成更深刻、更全面的认知。本章将探讨一些具体示例,并按照以下路径展开论述。首先,我们将研究一些国家的课程文件内容,这些国家要么是有长期开展技术教育的传统,要么是近年来致力于开发新的技术教育课程。这样做的目的是了解这些课程内容能够在多大程度上促进学生的技术观念与认知变得更准确和全面。随后,我们将讨论两种在教育情境中改善这些观念和认知的策略。第一种策略是案例研究(本章将同时讨论历史案例研究和当代案例研究)。之所以选择案例研究这一策略,是因为它在技术哲学中也有应用(即所谓的"经验转向",见第1章)。如果当代技术哲学家使用案例研究来阐明技术的概念,那么我们就可以期待这一方法对教授这些概念也有用。第二种策略是概念映射,选择这一策略是因为它与概念的发展形成直接相关。

8.1 课程内容

判断我们的教育是否能帮助人们提高对技术的认知,首先要做的就是审视课程内容。课程内容可能会有失偏颇,这增加了学习者的误解,而不是提供更完善的认知。例如,如果课程只关注制作过程,总是假设设计已经存在,就会出现这种情况。在这类课程中,学习者没有机会看到解决设计问题的创造性过程,因此他们也不会认识到设计过程在技术中的重要性。另一种情况是,课程完全侧重于设计过程,而不明确指出工程概念知识是正确解决设计问题的必要条件。那么这样的课程可能导致学习者误将技术等同于任何形式的设计活动,进而忽视了特定知识体系与技术学科之间的紧密联系。如果课程内容未能充分体现本书前几章中所提及的技术的主要特征,即人工物、知识、过程和意志,那么调整课程内容就成了促进学习者重新正确认识技术的首要策略。

现有标准和课程在多大程度上参考了本书所描述的技术哲学观点呢?接下来,我们考察了一些被广泛使用的技术教育标准和课程,评估它们在多大程度上融入了本书所探讨的哲学观点。其中面临一个困难:技术教育标准和课程具有时效性。原则上,在本书出版时,书中使用的部分案例甚至可能不再是教育实践的一部分。因此,我们只选择了一小部分属于国家层面、源自重大项目成果的标准和课程,它们与地方制定的标准和课程相比,预期具有更长的使用时间。

在美国中小学技术教育中,"面向所有美国人的技术"(Technology for All Americans)项目已经明确描述了"技术素养"(technological literacy)的标准。使用"技术素养"一词是为了说明,技术教学不仅发生在学校专门的技术学科中,而且也发生在其他学科和非正式学习环境中。此外,对那些在高等教育中从事技术教学的人而言,研究"面向所有美国人的技术"的课程标准也很有意义,因为这些标准也应被视为后续技术教育实施的基础。"面向所有美国人的技术"报告文末引用了许多技术哲学领域的参考文献。显然,为了知道应该教什么和学什么才能获得技术素养,他们也认真、努力地借鉴了技术哲学的见解。这项努力是颇有成效的,米切姆定义的四种技术概念化方式以及本书中所使用的技术概念的四个维度(作为人工物的技术、作为知识的技术、作为过程的技术和作为意志的技术)都在标准中得到了明确体现。报告中共有20条标准,其中第一条具有导言性质,介绍了技术的总体特征。第一部分的其余两项标准被称为"技术本质"(The Nature of Technology),反映了技术作为知识的理念。在此部分,技术的核心概念被列为技术知识的基础内容。接下来的四项标准涉及"技术与社会"主题,对技术作为"意志"这一理念做了详细阐述。"技术世界的设计和能力"部分包括了三条标准,均侧重于体现技术作为"过程"这一理念。最后一部分是"设计世界",我们发现在医疗技术、农业技术、能源和电力技术、信息和通信技术、交通技术、制造技术和建筑技术等领域,技术都涉及"人工物"

这一理念。从这个角度来看,"面向所有美国人的技术"项目的标准很好地体现了技术概念的四个维度。这并不奇怪,因为在参考文献列表中,我们发现了几本技术哲学领域的书籍。显然,该项目参考和借鉴了这些文献中的哲学见解。

"技术素养"一词也出现在美国国家工程师协会(National Association of Engineers)开展的一个项目中。这个享有盛誉的专业组织一直致力于在各级教育中融入适当的技术教学。为此,该组织成立了一个委员会,研究如何定义技术素养以及如何通过教育来促进技术素养。该项目发布了一份名为《技术宣言》(Technically Speaking)的报告,正如前面提及的"面向所有美国人的技术"项目,该报告也引用了大量技术哲学文献。基于这些文献,该报告明确指出了其认为的技术误解,即将技术仅仅视为应用科学以及技术决定论。

英格兰和威尔士在中小学技术教育方面可能拥有最悠久的传统,因此值得对它们的国家课程进行一番研究。自从国家课程开始实施以来,"设计与技术"科目的内容已经进行了多次更改。但在各个版本的课程描述中,似乎有一些总体特征一直保持不变。总的来说,英格兰和威尔士的课程设置在一定程度上偏重设计,认为设计是技术过程的一部分。无论是过去还是现在,课程的重点一直都是设计的过程,但这并不意味着技术的其他维度,即人工物、知识和意志完全不存在。在各年级的学习计划中,知识被明确列为一个单独的类别,尤其是其中还列出了有关材料和零部件的知识。此外,系统和控制的概念也是设计与技术知识基础的一部分。而在该课程中,人工物和意志这两个维度的描述则不太突出,尽管在课程说明的某些参考文献中提及了学生应了解技术作为人工物的功能,但只是以一种非常浅显的方式展开,而且一些基本的见解,如正确使用和偶然使用之间的区别等,都没有提及。更令人惊讶的是,其中几乎完全没有提及技术对社会的广泛影响,似乎整个课程都是基于学生作为新产品的设计者,而非使用者。

新西兰在20世纪初开发了一门课程,该课程非常明显地参考和借鉴了技术哲学。在这门课程中,人工物、知识、过程和意志这四个主要领域都得到了很好的体现。此外,深入分析课程内容便能很容易发现,该课程同时参照了分析技术哲学和欧陆技术哲学。在课程的第一部分"技术实践"中,可以看到本书第2章所讨论的"人工物"的维度以及第4章所讨论的"过程"维度。第二部分"技术知识"明显包含了本书第3章讨论的内容。该课程第三部分"技术本质"主要涉及本书第5章和第6章的内容。因此,新西兰的课程结构立即让人联想到当前技术哲学的主要维度范畴。此外,通过对内容更详细的调查研究,可以发现作者对技术哲学的最新发展非常了解。

当然,必须强调的是,对课程的分析并不能提供任何有关教育实践质量的信息。虽然英格兰和威尔士的课程看起来有一定的偏颇,但基于多年的经验,肯定有一些优秀的实践案例。毋庸置疑,美国的技术素养标准也不能代表美国大多数学校的实际情况。当然,有趣的是,我们据此也可以看到不同国家在中小学阶段选择了不同的技术教学方向。尽管我们的调查范围有限,但也印证了,在某些情况下,对技术哲学的深入研究可以使课程内容更加丰富和均衡。这也是在第1章中所说的关注技术哲学发展的可能动机之一。现在看来,对于技术教学来说,了解当今技术哲学如何对技术进行概念化是非常有益的,这有助于清晰地呈现技术的本质。

8.2 STEM教育

技术哲学揭示了技术与现实世界的很多方面有着广泛联系。每一个方面都有一个特定的科学学科来研究(空间方面有几何学来研究,经济方面有经济学来研究,心理方面有心理学来研究,等等),而这意味着技术也与各类学科相关。那么对于学校课程来说,如果要让学生在头脑中形成现实的技术概念,就必须让他们厘清不同学科间的关系。实现这一目标的途径之一就是在学校各学科之间建立起密切联系。由于这是一个非常大的挑战,目前的重点是先把科学、技术和数学教育结合起来,因为这几个学科之间的关系似乎最为紧密。STEM(科学、技术、工程和数学)体现了这种"努力",它把科学、技术、工程和数学融合到了一起。与以往的STS(科学、技术、社会)教育(遗憾的是通常具有强烈的"应用科学"特征)相比,STEM教育增加了一个新元素:工程。工程与技术有两方面的不同:一是工程仅限于技术的开发层面,而技术还要考虑用户方面;二是工程更侧重专业性,而技术还包含了非专业的一面。"STEM"一词最初主要是政客们用来强调需要更多STEM学科(注意此处的"学科"为复数)领域的人才。后来,教育界人士意识到将S、T、E和M要素真正地有机融合是一个极大的挑战,说起来容易做起来难。真正的融合意味着所有要素在一项活动中都是必不可少的。设计也可以是这样一项活动,但它必须是真正需要使用科学、工程和数学要素才能完成的设计挑战。

当前,课程中的许多设计难题都可以通过反复试验来解决,这会让学生觉得使用科学和数学是一种绕远或像是人为的添加,往往破坏了解决问题的乐趣。当然,也有一些很自然的方式将S、T、E和M融合。为了克服这类难题,往往需要从工程实践的角度出发,重新审视STEM教育的目标和方法。其实很多科学和数学知识都源于设计过程中对系统变化效果的研究。例如,飞机设计师通过改变翼展和其他部件来发现这些变化对飞机飞行性能的影响。这种尝试获得了两个结果:一是改进和优化了设计,二是获得了有关自然现象的新知识。这也可以应用到技术教育课程中。事实上,将工程的"精确性"引入到学校司空见惯的"直观"设计项目中,就可以将科学、技术(设计)、工程和数学融合在一起。此时,STEM是以我们通常所说的"研究与开发"为模型,即将开发新的人工物与研究使人工物发挥作用的自然现象结合起来。这可能不会直接与考试大纲中的科学和数学内容相联系,却能很好地说明科学、数学和技术在现实中如何相互作用。另外,(大学预科)工程教育的概念性内容尚不明确,工程学中有哪些基本概念可用于STEM课程(部分课程)?在概念学习章节中,我们将再次讨论这个问题。

8.3 历史案例研究的应用

历史案例研究是一种丰富的资源,教育者可以从中汲取营养,向学习者阐明技术的各种特征。当然,这取决于这些案例被描述的质量。幸运的是,在过去的几十年里,技术史学家已经做了大量工作来收集和整理此类案例资料。在第3章我们已经看到,通过对历史上飞机设计案例的研究,文森蒂是如何成功地提出一种有趣的描述工程知识类型的方法。接下来,我们将用另一个例子来说明如何利用历史资料来重塑学习者的技术观。这是一个有关工业史的研究案例,即飞利浦物理实验室(Philips Physics Laboratory)的历史。工业研究实验室的历史是深入了解科学与技术之间关系的宝贵资料。工业研究实验室是开发新的科学知识,为技术创新和发明创造机会的机构。在这样的实验室里,人们始终关注如何在科学与技术间建立富有成效的关系,伴随着这种关注就会产生各种矛盾。一方面,在实验室工作的人将自己视为科学家,对他们来说,获取知识本身几乎就是目的,那么在学术期刊上发表论文就是他们工作最重要的成果;另一方面,人们总是会认为他们的工作应为公司的产品创新提供知识基础,就这个层面而言,获得专利比在期刊上发表论文更为重要。此外,科学家们在选择研究主题的自由度上也存在着一定程度的矛盾。一方面,工业研究人员希望能够自由探索尚未预见应用价值,但从科学角度来看很有意义的新领域;另一方面,公司的产品部门认为有些领域具有重要的战略意义,并希望实验室能对这些领域开展研究。研究此类实验室的历史可以揭示科学活动和技术活动之间不同的互动模式,从而帮助我们重新定义科学与技术的关系。在这里,"重新定义"是一个恰当的提法,因为大多数人对工业研究实验室已经形成了初步的印象。这个印象中,工业研究实验室通常是一个科学家们几乎可以完全自由研究自己感兴趣的东西的地方。科学家们在那里可以提出出色的新想法,而这些想法会对公司的长期战略产生重大影响,因为科学家们提出的基础知识会带来极具创新性的产品。对工业研究实验室有这样的印象与"技术是学科的应用"这一观念紧密相关联。像飞利浦研究实验室这样的历史案例研究可以帮助我们认识到这种简单的理解只是部分真相,关于科学与技术的关系还有更多值得深入探讨的内容。

对飞利浦物理实验室80年(1914—1994年)的研究历程描述表明,根据该实验室在科学与技术关系上的不同模式,可以将这80年划分为三个不同的时期。

- 在实验室成立的头30年里,它与公司的所有其他部门都保持着非常密切的联系。实验室与公司董事(早年是飞利浦兄弟安东和杰拉德)直接联系,当董事们认为进入某一新市场的时机已经成熟时,实验室就会着手开展工作,通过开发新知识和新产品来实现这一雄心壮志。如果科学家们发现了一些有趣的东西,并有可能开发出新产品,实验室和公司董事会进行直接沟通,基于相关发现讨论并作出相应决策。此外,公司还与生产新产品的工厂保持良好的合作关系。在这一时期,科学知识的发展与新技术的产生密切相关。
- 在第二个时期,大致是在接下来的25年里,实验室的战略发生了巨大变化:基础研究被视为实验室任务的重中之重,而产品开发和生产等日常事务则被视为不务正业(这些任务应由公司内隶属于各产品部门的其他实验室完成)。因为当时的想法是,新的基础知识将催生革命性的新产品,而进一步的产品开发和细化工作则由公司的其他产品部门负责。这一策略在一定程度上取得了成功,但也导致了研究实验室与产品部门之间的关系变得紧张,因为双方都觉得对方缺乏足够的投入。这就是"技术即应用科学"理念的实践时期。

- 第三个时期就是后期的 25 年。这期间经济衰退,迫使公司重新评估实验室的角色,并重新定义其战略方向,使其更加直接地服务于产品部门的需求。但这并不是回到第一个时期。在这一时期,决定公司系列产品的不再是公司的董事,而是相对独立的、拥有自主权的产品部门。实验室需要通过向这些部门提供研究合同来争取预算。产品部门随后会委托实验室提供开发新产品或新产品特定部分所需的具体科学知识。在这一时期,科学成为了技术的辅助工具,科学服务于技术。

从以上论述可知,科学与技术之间至少存在三种不同的互动模式,而飞利浦物理实验室的历史案例研究则帮助我们完善了对工业研究实验室,以及科学与技术之间关系的认知。

8.3.1 叙事的应用:与语言教学的联系

美国波士顿科学博物馆(Boston Museum of Science)开发的"工程启蒙"(Engineering is Elementary)材料用叙述故事的方式向年轻的学习者介绍并传达了什么是设计挑战。这些简单的故事是关于小男孩或小女孩的,它们很容易引起孩子们的兴趣。当这样的故事引发某个设计挑战时,孩子们会感到与故事主人公亲近,并渴望帮助他或她解决这个设计挑战。"工程启蒙"材料有一个显著的优点——包含了一系列展示不同文化的小册子。因此,孩子们能学会想象在不同文化和不同环境下的生活是怎样的。

使用叙事方法还能将技术学习与语言技能学习关联起来。特别是在小学教育中,这给将技术课程与通常被视为小学教育中最重要的领域之一的识字学习关联起来提供了很好的机会。读、写、算术一起,构成了著名的"阅读、写作、算术"三要素,而政策制定者通常将它们优先于技术。所以,通过证明技术教育确实不仅可以提高技术素养,还可以提高语言素养和算术素养,技术教育就更容易得到推广。这不仅仅是为技术教育争取资金的"小把戏",而且公正地反映了技术真实的一面(在第 2 章中,这被称为现实的语言方面,即每一件人工物都必须通过语言来发挥功能)。

8.4 当代案例研究的应用

不仅是历史案例研究,当代案例研究同样可以为学习者提供深入理解技术的视角。幸运的是,现在有越来越多的案例研究可供使用。不断有新的专著出版,这些专著不仅从纯粹的技术角度描述了技术的最新发展,还说明了由于科学、技术和社会的多种影响而产生的技术发展的复杂性。在此,我想以其中一部专著为例来说明这一点,即格拉尔材料(Glare)的研发过程。格拉尔材料是一种应用于飞机零件的新材料,主要应用在飞机机翼上,如令人瞩目的双层空客 A380 机翼。"Glare"是玻璃增强层压板(GLAss Reinforced Laminates)的常用缩写,这种材料很轻,这对飞机来说很重要。此外,与金属材料相比,它可以大幅减少飞机零件的裂纹扩展。埃德·沃尔特(Ad Vlot)是研发格拉尔材料的关键人物之一,他写了一本名为《格拉尔材料》(Glare)的著作,该著作在 2001 年由克鲁维尔学术出版社出版。我们可以从这本书中获取到很多有用的资料用于技术教育。

沃尔特在书中描述了格拉尔材料的研发过程、其无可争辩的良好性能,以及阻碍飞机制造公司接受格拉尔材料的各种因素。由于飞机使用新材料伴随着巨大的风险,新型飞机的设计师们往往相当保守,不愿轻易尝试应用结果未知的新材料。与更传统的金属材料(特别是铝)相比,复合材料格拉尔有着巨大的革命性变化。尽管人们已经发现金属由于疲劳(材料的强度随着时间的推移逐渐变弱)和腐蚀存在严重的问题,但像复合材料这种截然不同的替代材料仍然不易被接受。另一个复杂因素就是开发过程中的各合作伙伴持有不同的利益取向,包括认为知识开发很重要的代尔夫特理工大学(Delft University of Technology)、不同国家的飞机制造公司(荷兰的福克公司和欧洲的空客财团),以及负责飞机安全独立检查的组织等。欧洲方面甚至出现了一些完全没有预料到的问题,例如"Glare"这个英文单词在法语中听起来像"glaire",意思是"黏液",这翻译结果对于在飞机结构上使用这种材料来说,显然很难起到积极的推荐作用。当然,还有许多经济因素,如材料的价格和将其应用于飞机部件的成本。此外还有道德因素,与目前所使用的材料相比,格拉尔材料原则上是一种环保材料。由于格拉尔材料的重量较轻,使得飞机的燃料使用量减少,这就意味着自然资源的消耗会减少,排放量会降低。所有这些因素之间复杂的相互作用导致了为将这一材料应用在飞机上产生了一场争论,这场争论持

第 8 章　借助教育重塑技术概念

续了数十年,直到空中客车公司决定在新款 A380 飞机的某些部件中使用格拉尔材料(沃尔特关于格拉尔材料的故事发生在 1988—2001 年)。也许这本身就是一项革命性的设计事件,所以设计师们在接受新的飞机制造材料时态度更加果断。沃尔特的描述也揭示了设计工作和科学实验之间的相互作用会导致新知识的出现。在这方面,格拉尔材料的故事与本章前一节讨论的飞利浦物理实验室的历史案例研究有着异曲同工之妙。同样地,我们也发现了科学与技术之间不同的交互模式,证明了"技术作为应用科学"不能正确描述科学与技术之间的关系。对于格拉尔材料来说,与铝等金属不同,使用复合材料的情况下,科学建模不容易精确地预测材料的行为。这也是除社会因素外,航空工业不易接受格拉尔材料的一个技术障碍。与飞利浦物理实验室的另一个相似之处在于,实验室的科学家们对自己的发明持坚定信念,这种信念使他们能够克服外界各种阻力,推动项目不断向前发展。

在教授技术的过程中,跟踪了解教育如何影响学习者的观念发展是非常有益的。而概念映射(concept mapping)可以作为一种有效的工具。概念映射是一种将学习者头脑中的概念结构可视化的方法,其中概念以气球(每个气球中都包含一段文本)形式呈现,并通过线条相互连接。如果两个气球代表的概念之间存在人们所能看到的关系,那么这两个气球就会连接在一起。以下是一个例子,该例子源自卡罗尔·汤姆森(Carole Thomson)的《塑造技术的概念》(Shaping Concepts of Technology)一书中的一篇文章,该书由德·弗里斯和塔米尔(Tamir)主编,具体内容见第 12 章。为了解小学生对技术的整体认知,我们绘制了一幅与技术概念相关的各种主题的地图。地图顶部是"技术"一词,从这个词衍生出了"人""日常事物""满足需求"等词,这些分支代表了技术所涉及的内容。从"日常事物"一词出发,举的一个例子是"机械类制品",然后是"计算机""现代资源""非生命系统""人工物"。从"人"这一术语又衍生出"挑战""思想"等术语,而从后者又衍生出"变革""进步""新型/现代"等术语。"满足需求"一词引出了更多的术语,如"人类的努力""科学的应用""与他人合作""与环境互动"。通过联想思考,每次都会出现下一个术语,每个术语都会让你联想到下一个术语是什么。这一过程最终形成了一张由不少于 42 个术语组成的地图。地图既有线形部分,也有环形部分。两所不同学校的小学生对技术似乎有不同的总体概念,这是通过分析学生在概念映射中对词语之间的关联程度得知的。

在其中一所学校,学生似乎更专注于"资源的使用""设计""制造""调查""学习"等过程术语。而在另一所学校,学生更多地提到技术的人工物方面,如"机械类制品""计算机""液压""电子设备"等术语。他们在概念映射中认识到了"科学应用"这个概念。因此,概念映射的使用揭示了两所学校学生之间有趣的差异,这些差异无疑在一定程度上与这两所学校的技术教学方式有关。

必须指出的是,概念映射不应被视为一种可以孤立使用的工具。这个工具需要嵌入到更广泛的教育策略中,特别是在认知学习中。更详细地描述这一点会使我们偏离本章内容的主体——发展技术概念。同时,鉴于目前已有大量文献介绍概念映射这一策略,在此不再赘述。对于实际应用来说,注意到概念映射这个更广泛的策略背景是很重要的。

最后,有必要指出的是,概念映射是一种实用的工具,它有助于直观地了解概念在学生头脑中的排列方式,但不能帮助学生构建概念结构。从这个意义上说,我们对概念映射的作用预期不宜过高。此外,我们还应该意识到概念映射的使用取决于抽象概念在学生脑海中形成的程度,而这个程度又取决于学生的年龄水平。

第 9 章

学习技术概念

9.1 直观的技术概念

截至目前,我们主要讨论了技术的概念和对技术的态度。现在本书将深入探讨一个更具体的层面。在技术领域,人们使用各种概念来理解事物的功能。工程师在设计新产品时会用到这些概念,这些概念会作为未来工程师教育的一部分内容在中小学、大学中教授给学生,其中一些概念更是所有公民教育中的必要组成部分(如系统的概念,它不仅与技术相关,而且具有更广泛的相关性)。学生在学校学习这些概念之前,对这些概念的理解程度如何?令人惊讶的是,我们对此知之甚少。无论出于何种原因,迄今为止,有关学生对技术概念直观理解的研究并未得到重视。在本节中,我们将对这方面为数不多的一些研究进行简要介绍。

部分学者对技术中的几个概念进行了实证研究,以直观地了解学生在多大程度上掌握了这些概念。这些研究使用了各种工具。有些研究使用了纸笔作业和问卷调查的方式,让学生写出他们在解决该问题时的经验;另一些研究则采用观察和文字记录与学生访谈的方式。尽管"系统"这一概念大量出现在技术学科中,且常被作为技术的一个关键概念被提及,但迄今为止,还没有人认真去调查研究过青少年和成年人对这一重要概念的直观认识程度。在这方面,针对技术教育的研究仍远远落后于科学教育的类似研究,大部分基本的科学概念和原理都有前概念的研究。

在建筑领域,"稳定性"这一概念很重要。1995 年,古斯塔夫森(Gustafson)、罗威尔(Rowell)和罗斯(Rose)开展了一项关于前概念的研究,他们向 242 名 1~5 年级的学生展示了一幅具有不稳定结构的图,并要求学生提出增强结构稳定性的办法。结果显示,学生能够提出许多令人印象深刻的可能方法,但其中很多与实际问题并不相关。据说这些想法都是基于他们之前对不稳定结构的经验。总体而言,学生在提出想法方面都发挥和表现出了创造力,但因对关键概念了解不多,导致许多想法并不实用。课堂教学似乎会对学生辨别相关和不相关想法的能力产生积极影响,但令人惊讶的是,学生并没有把这些课堂活动视为他们能力提升的源泉。这可能是因为课堂活动并未能有效引发学生对情境的原始直观理解与课堂教授的正确概念之间的认知冲突。

与稳定性相关的是平衡概念。特威福德(Twyford)和耶尔维宁(Järvinen)调查了芬兰5年级学生对这个概念的理解,他们选择了一个点头玩具作为研究背景,以半结构化访谈作为研究工具,在实际任务完成后开展调查。这项任务是这一主题课堂教学的一部分。因此,这项研究测量的不是学生的直观概念,而是那些通过教学获得的概念。研究者对学生在分析问题情境时使用平衡概念的能力给予了肯定,但遗憾的是,他们并没有深入解释课堂活动是如何促成这一点的。因此,我们仍然不清楚为什么学生在教学后运用概念进行推理的能力似乎远胜于学习直观概念的能力。

材料的应用是技术的一个方面,它在各个技术领域中都很重要。为了解学生在多大程度上能够将材料的性质与其在产品中的用途联系起来,学者们进行了一些研究。戴维斯、金斯(Ginns)和麦克罗比(McRobbie)针对来自2年级、4年级和6年级的92名学生开展了这项研究。在学生看了各种技术设备(桥梁、自行车、手提袋等)的图片之后进行访谈。研究结果显示,学生在大多数情况下都能辨别出某种产品所使用的材料,但他们很难认识到材料的性质与使用它们的人工物是无关的,尤其是低年级学生。与人工物其他的相关属性相比,认识人工物的独立属性可能需要更高层次的抽象概念。这些发现与法国沙托尼·吉内斯蒂埃(Chatoney-Ginestié)的一项研究结果相似。他的研究是要求6岁的儿童描述各种物体的属性,在这项研究中发现,材料名称比材料属性更容易被儿童提及。此外,"一个产品是由……制成的"这一概念对幼儿来说似乎也是个问题,因为他们还不太能很好地认识原材料与成品之间的关系。

帕金森(Parkinson)也对材料的"强度"属性和建筑的"稳定性"等概念进行了类似的研究,但研究对象不是儿童,而是实习教师。通过观察40名实习教师完成任务的过程发现,即使是这些实习教师,也难以理解其中的某些关系。学生似乎很难将不同类型的材料强度(弯曲强度、拉伸强度)与建筑中的力联系起来,他们倾向于将之前具备的结构相关经验作为自己直观概念的基础。

技术教育中所教授的概念在某种程度上都是以工程学为背景的。但为了能够在教育环境中使用,这些概念需要经过转换。特别是在法国,人们对"参考情境"(工程师世界)和教育情境之间的转换很感兴趣。杜里(Durey)发表了一篇文章,讨论了电子学概念需要这种转换。但遗憾的是,目前仍缺乏相关实证研究来说明这一转换过程应该如何进行。当科学概念被应用于技术教育时,这种转换可能会更加显著和引人注目。

目前,对小学生和中学生所持技术概念的研究还是很有限的,我们仍然非常需要这类实证研究。然而,现有研究资料证实了从科学研究中得出的主要结论,即在开始技术教学前,学生已经拥有了直观概念,如果教师想要影响他们,就应考虑到这些直观概念。在接下来的章节中,我们将介绍如何做到这一点。

在本节中,提到了一些未列入注释书目(在第12章)的参考文献,由于它们比注释书目中列出的一般文献更具体,所以将它们列在此处,而不是第12章。

Chatoney-Ginestié, M. (2003). Construction du concept de matériau dans l'enseignement des 'sciences et technologie' a l'école primaire: perspectives curriculaires et didactiques. Unpublished Ph. D. dissertation, Université de Provence, Aix-Marseille, France.

Davis, R. S., Ginns, I. S., & McRobbie, C. J. (2002). Elementary school students' understandings of technology concepts. Journal of Technology Education, 14 (1), 35–49.

Durey, A. (1997). Transforming engineering concepts for technical and vocational teacher education in France. In M. J. de Vries, & A. Tamir (Eds.), Shaping concepts of technology. From philosophical perspectives to mental images (pp. 181–201). Dordrecht: Kluwer Academic Publishers. Reprint from International Journal of Technology and Design Education, Vol. 7, No. 1/2.

Gustafson, B. J., Rowell, P. M., & Rose, D. (1999). Elementary children's conceptions of structural stability: A three year study. Journal of Technology Education, 11(1), 27–44.

Parkinson, E. (2001). Teacher knowledge and understanding of design and technology for children in the 3–11 age group: A study focusing on aspects of structures. Journal of Technology Education, 13(1), 44–58.

Thomson, C. (1997). Concept mapping as an aid to learning and teaching. In M. J. de Vries & A. Tamir (Eds.), Shaping concepts of technology. From philosophical perspectives to mental images (pp. 97–110). Dordrecht: Kluwer Academic Publishers. Reprint from International Journal of Technology and Design Education, Vol. 7, No. 1/2.

Twyford, J., & Järvinen, E.-M. (2000). The formation of children's technological concepts: A study of what it means to do technology from a child's perspective. Journal of Technology Education, 12(1), 32–48.

9.2 技术的基础概念

技术中使用的概念数不胜数,但我们可以寻找有限数量的概念,把它们视为"基础概念"。在一项由30名技术哲学、技术教育和工程教育领域的专家参与的德尔菲研究中,罗索(Rossouw)、哈克(Hacker)和德·弗里斯确定了这些基础概念。此项研究形成了一份包含许多基础概念的清单,这些概念(本节将对它们作简要介绍)可分为五类。其他一些类似的研究也证实了这份清单的可行性。当然,不同研究得出的清单与本文介绍的清单在组织编排上会有所不同,但对哪些是基本概念已达成共识。

1. 设计(此处为动词)

除了"设计"这一概念外,德尔菲小组还提出了以下子概念:

- 优化
- 权衡
- 规格
- 发明(创新)
- 产品生命周期
- 试探法
- 算法

- 容差
- 实践推理

这些都是设计的要素或推理方法。

2. 系统

系统概念本身固然是首要概念，但也包含以下子概念：

- 人工物
- 结构
- 功能
- 工作原理
- 模块化
- 复杂性
- 技术路线/技术体制
- 系统层次结构（功能分解）
- 系统边界
- 输入—处理—输出
- 社会技术系统
- 示能性
- 脚本（人工物的使用"信息"）
- 使用计划（隐含或明确的人工物使用流程）

工作原理是结构与功能之间的桥梁。

模块化和复杂性是系统的属性。

示能性、脚本和使用计划将用户与系统联系起来。

3. 建模

以下是建模包含的子概念：

- 抽象
- 理想化
- 原型

- 测量
- 模拟
- 可视化
- 类比
- 理论推理
- 逻辑（演绎、归纳、归因法）
- 分类
- 符号
- 科学和数学的应用

抽象和理想化是创建模型的方法。

类比、理论推理和逻辑是模型推理的要素。

模拟和可视化是模型的功能。

符号是形式模型存在的基础。

分类是一种形式模型。

模型可以包含科学和数学元素。

4. 资源
- 材料
- 能源
- 信息
- 人力
- 资本
- 时间

前三项是技术系统资源。

所有六项都是社会技术系统的资源。

5. 价值

以下是技术和工程学领域的一系列价值：
- 可持续性

- 创新(与进步的价值有关)
- 有效性
- 效率
- 标准
- 质量(保证)
- 知识产权
- 风险/失败(与安全有关)
- 社会互动(从消费者角度看,与民主价值有关)
- 技术评估(也与民主价值有关,但是从政府/政策角度的评估)
- 人格尊严(尤其是与医疗技术相关)
- 隐私(尤其是与信息和通信技术相关)
- 人体工学
- 可用性
- 信任
- 美学
- 伦理道德

我们可以进一步分析这些概念和子概念,看看它们是如何由其他基本概念组成的。下面以"优化"的子概念为例来说明。"优化"至少预设了"原型""变化""测量""比较""终止点"几个子概念。"优化"意味着我们从现有的设计(原型)开始,并对其进行改变。改变后,必须测量旧原型和新原型(变化的结果)之间功能上的差异,并与旧原型进行比较。如果结果较好,则将新原型作为下一轮优化的起点;如果结果较差,则将旧原型作为下一轮优化的起点。这个过程会一直持续下去,直到由于某种原因(时间耗尽、资金耗尽)而终止。由此可以看出,"优化"这一概念至少包含了其他五个概念。对其他概念也可以进行类似的分析。

9.3 概念学习的难点

概念学习的问题在于它们是抽象的,既看不见又摸不着,而且不同概念抽象的程度也有所不同。有些概念之所以抽象,是因为它们是具体事物的"总称"。例如"家具"这一概念是椅子、桌子等物品的总称。同样,"人工物"也是一个包含广泛对象的总括词,包括雨伞、螺丝刀、汽车等。另一些概念则更为抽象,因为它们所指的现象本身就是很抽象的。"能量"就是这样一个概念,它并不是一个可以看得见摸得着的事物的总称,而是指做"功"的可能性(在这个意义上,"功"本身也是一个抽象概念)。抽象概念的学习问题在于,当它们被应用到具体情境中时,会因情境的不同而呈现出不同的形态。例如,不同类型的工程师使用"系统"一词的方式也不相同,有些工程师(如建筑师)甚至可能不使用"系统"一词。这可以用学习变色龙变色来进行类比。每次看到变色龙,它的颜色都不一样,这取决于它当时所处的环境(待在草地上会变成绿色,待在水边会变成蓝色,待在石板路上会变成灰色)。人们需要观察不同情境下的变色龙,才能识别出哪些属性是变色龙概念所必需的(如它有趣的舌头),哪些属性是特定环境下的(如它的颜色)。这种方法被称为"语境—概念法"。

9.4 语境—概念法

研究结果表明,直接在抽象层面上教授概念(就像我们以前所做的那样)对许多学生都不起作用。但对一些学生来说,这种教授方法是有效的,这类学生最终可能会选择学习物理或其他一些需要高度抽象思维的学科。而对许多其他可能永远不会涉足这些学科的学习,却又需要对其有基本了解的学生来说,直接在抽象层面进行教学显然不合适。我们还发现,从具体层面入手,然后过渡到抽象层面,再假设学生能够将其迁移到不同的情境中,这种做法对很多学生来说仍然过于复杂。因此,我们目前尝试的方法是让学生在不同的语境中接触同一个概念,以便他们能通过区分与语境有关和无关的属性(像变色龙的比喻一样)来逐步形成抽象概念。尽管目前没有确凿证据表明这种方法有效,而且有人会认为这种方法比传统方法要花费更多时间,但是对于那些我们真正希望以深入和灵活的方式来学习的概念而言,至少应该给予"语境—概念法"这一方法尝试的机会。

在由罗索、哈克和德·弗里斯开展的德尔菲法研究中,专家小组还提出了一份适合教授技术概念的语境清单。这些语境都是基于技术可以满足的个人基本需求和社会需求:

- 庇护所(建筑)
- 有实用目的的人工物(生产)
- 流动性(交通运输)
- 通信
- 健康(生物医学技术)
- 食品
- 水
- 能源
- 安全

需要注意的是,此处提及的"能源"不应当作"能源"这一概念本身来理解,而应理解为能源生产、分配和使用的社会技术背景。同样,此处的"安全"也不是指"安全"本身的概念,而是指为提供安全的生活和工作环境而构建的整个社会技术背景。

对于技术教育课程来说,这种"语境—概念法"意味着学生要在不同的情境中开展项目。在这些项目中,同一个概念会反复出现,但每次都是根据其所在的情境以不同的"形式"呈现。然而,由于时间关系,这种方法只能用于数量有限的概念的教学。

第10章
技术教学中的实践问题

本章将讨论一些与技术教学相关的实践问题。不过,并不是所有的实践问题都会涉及,只讨论那些与帮助学习者获得正确技术概念相关的技术教学实践问题。毕竟,这是我们通过技术哲学开展调查的目的——找出什么是正确的技术概念。正如我们所看到的那样,因为青少年和成年人都可能对技术有各种各样的误解,所以我们有充分的理由有意识地、努力地以恰当的方式建立技术概念体系。此外,现有的课程似乎并不是都能抓住技术的主要方面。即使抓住了,在进行正确的技术概念教学时,仍然需要考虑各种实际问题。这些问题将在本章进行讨论。

10.1 不同教育阶段之间的差异

在学生经历不同阶段教育的过程中,建立完整、均衡的技术概念是一个循序渐进、自然发展的过程,理想的状态是持续学习,形成**连续学习线**(continuous learning line)。但目前的实际情况并非如此。在一些国家,**高等教育**(tertiary)仍是学习者首次真正了解技术的机会,但这一层次的教育相当专业,技术整体概念的教学很少被当作这一层次教育的任务。然而,近年来的实践发生了一些变化,有几个国家在扩大**工程教育**(engineering education)的范围。这是因为工科院校的教育者越来越意识到,除了传授高度专业化的知识和技能,还需要帮助学生加深对技术的社会和伦理方面的了解。这种意识在一定程度上是与经历过同样发展历程的行业接触后产生的结果。如今,工业界的产品开发需要仔细倾听市场和消费者的需求,这就迫使各行各业要拥有一支能够准确捕捉和理解这些需求,并能将这些需求转化为产品品质的人才队伍。如果工人的技术概念狭隘,以螺母和螺栓为导向,那么他们是无法满足上述人才需求的。所有这一切都会导致工程学课程把越来越多的技术中的社会和伦理问题纳入其中。学生在练习分析工程实践中的道德困境时,也必须进行适度的技术评估研究,以清楚技术对社会的影响,如开展工程项目时要考虑环境问题,等等。对于学术型工程教育来说,这些通常被视为该级别工程师培训内容的必要组成部分。与仅接受职业培训的工程师相比,受过正规学术教育的工程师应更深入了解工程学的本质,并能系统地反思工程实践。

尽管上述发展相对于工程师传统的、更为狭隘的培训方式而言,已经取得了进步,但仍远远不够。如果到高等教育阶段才开始对技术进行概念化,那么学生关于技术的直观概念和态度可能已经严重固化,在后期阶段很难加以改变。因此,在较低层次的教育阶段,有必要帮助学习者在头脑中形成正确的技术概念,而最重要的阶段可能是**中等教育阶段**(secondary level)。当前这方面也取得了积极进展,越来越多的国家及其政府部门已决定将技术教育作为所有未来公民教育的必要部分。这一阶段的技术教育有时是以单独的学校科目或学习领域的形式存在,有时是在综合的科目中或现有的学科(如科学教育)中融入可识别的技术内容来实现的。该阶段的技术教育可以划分为两个层次:较低层次是以所有技术的总体特征作为技术概念化的核心,较高层次是探索不同类型技术的特殊性。较高层次的技术教育可以为高等教育做准备,因为这一层次的专业性较强,了解不同技术之间的差异有助于学生在不同的技术专业领域做出选择。心理学已经表明,学生必须达到一定的抽象思维能力水平,才能学习抽象概念。在中学教育阶段,大多数学生(理论上)应该已经达到了这种思维水平。这意味着在中学教授和学习技术的总体概念和具体概念应该是可行的。

再往下一层级便是**初等教育**(primary education)。在技术教育这一持续的学习线中,初等教育阶段的主要任务是为学生认识和了解技术提供**初步引导**(orientation),这为中等教育阶段技术概念的教与学奠定宝贵的基础。初等教育可能是进行这种引导的最佳阶段,理由有两个。第一个,这个阶段的学生仍然非常乐于或敢于对他们所经历的事物提出问题。对现实提出问题是了解现实特征最好的切入口。学生可以从"为什么""是什么""怎么做"开始,提出各种各样的问题。几乎可以说,在提问方面,初等教育阶段的学生仍然持有良好的哲学态度,他们不害怕就一些显而易见的事物提出问题。而到了高年级,学生提出这类问题时则会更加害怕被嘲笑。第二个,初等教育阶段没有专业教师教授学科领域的细分内容,一个教师负责教授一个班级的所有科目,他可以自由地从一个学科领域转到另一个学科领域,这样的教学方式有助于形成一种既连贯又综合的技术观点。

但是,这一切只有通过教师自身接受教育,树立正确的技术概念才能实现。这又回到了高等教育阶段的话题,但现在讨论的是**教师培训计划**(teacher education programs)领域。在这些培训计划中,师范生不仅需要系统地掌握专业知识和技能,而且要将发展高阶的技术概念作为重要的学习目标。建立能让学生获得良好技术概念的教育环境策略应该是通常被称为"教学内容知识"(Pedagogical Content Knowledge,缩写为PCK)的一部分。事实上,PCK是连接学科领域内容知识(在本例中指技术)和教与学一般理论的桥梁。在其他语言中,它被表示为"Didaktik"(德语)、"didactique"(法语)、"didaktiek"(荷兰语)或其他等效词。这在国际辩论中有时会引起混淆,因为英语的"教学法"(didactics)一词的含义要狭窄得多,主要是指固定的教学方法,而不是对如何进行教与学进行更广泛的思考。需要注意的是,"Didaktik""didactique"等术语不仅包括学习的认知方面,还包括精神活动和情感方面。

因此,根据当代技术哲学的思想,包含培训、概念化、差异化和专业化的学习链可以提供一条持续学习的路径(即从初等教育到高等教育),从而实现全面和恰当的技术概念化。

到目前为止,已经指出了这条学习路径对工程师教育的重要性。然而,它对其他所有公民的教育也同样重要。要在当代技术世界中发挥作用,就必须对技术的真正本质有一个正确的认识。这不仅适用于我们的职业生活,也适用于我们的日常生活。技术已经渗透到各类职业以及我们生活中绝大多数非职业活动。因此,不仅未来的工程师需要学习上述内容,未来的非工程师同样也需要学习。

10.2　媒体的应用

应用现代化媒体进行教学通常被称为**教育技术**(educational technology)。这个术语本身很好地涵盖了它想要表达的意思，但同时也造成了混淆。很多人没有意识到，教育技术和技术教育是完全不同的两件事。教育技术是利用技术作为教学手段，用于教授任何东西（可能是技术，但不一定）。技术教育是关于技术的教学（可能使用辅助技术，但也不一定）。例如，《技术教学》(Teaching About Technology)一书是关于技术教育的，但该书的部分内容是关于教育技术的。

在技术教学中使用新媒体有几个原因。首要原因是动机。许多教师发现使用新媒体教学会让学生感到兴奋。如果课程有新媒体的支持，向学生提供视频片段、动画和互动信息，他们就会更有动力去学习课程内容。研究证实，学生对学习计算机和使用计算机持积极态度。但要注意的是，这种效果可能只是暂时的，因为过了一段时间后，新媒体就不再"新"了，学生的兴奋感便会逐渐消退。当新媒体是被用于掩盖教学内容缺乏相关性和趣味性时，学生兴奋感的消退直接暴露出了教学内容实际上是多么糟糕。因此，技术教学的成功与否主要取决于其内容的相关性和趣味性，而不是它的呈现方式。当然，呈现方式也应该要精心设计。其次，技术教学要想有效地反映专业实践情况，使用新媒体几乎是不可避免的。几乎在所有职业中，新媒体都已被广泛接受。学生应在教育中了解这些媒体，为未来的职业生涯做好准备。最后，新媒体可以支持不同的学习方式，可以帮助教师公正、合理地对待不同学习风格的学生。当然，这只有当新媒体以适当的、富有经验的方式被使用时才能发挥出它的这种作用。在这种情况下，新媒体可以成为处理组内不同学生之间差异的有力工具。

那么，新媒体具体可以用来做什么呢？首先，新媒体可以作为信息和教学指导的来源。网站和光盘可以用来提供传统媒体通常难以提供甚至无法提供的信息。特别是与传统媒体相比，新媒体的出现使呈现交互式信息的机会增多，是一个实质性的改进。其次，在设计和项目运作的过程中，新媒体可以实现传统媒体无法实现的功能，如仿真、建模和动画。在技术教学中，一个明显的例子是计算机辅助设计(Computer Aided Design)〔在此顺便说一下，许多情况下仅是计算机辅助绘图(Computer Aided Drawing)〕也可以用来模拟仿真自动生产过程。再次，新媒体可以用作通信手段，起到传播的作用。最后，新媒体可用来评估教与学的结果。

在新媒体引入教育领域的早期，我们犯过一些错误，这些错误给我们提供了宝贵的经验教训，避免我们在教育中再错误地使用新媒体。明确这些教训非常重要，这样我们就可以避免在教育实践过程中一次又一次地陷入同类陷阱。第一，新媒体近乎具有成瘾性。这甚至已经成了一个社会问题。很多人因为沉迷于网上冲浪、电脑游戏和其他令人着迷的电脑设施而接受精神科医生的治疗。在教育中，教师通常能够防止这种情况发生。第二，教师可能会忽视这样一个事实，即新媒体本身从来都不是教育目标，它只是实现教育目标的一种手段。但有时新媒体本身确实变成了教育目标，这种情况应该尽量避免。第三，教师缺乏经验可能会导致新媒体的滥用，或在某些情况下甚至会导致新媒体被束之高阁。第四，新媒体可用的资源可能有时并不丰富（这是一个保守的说法）。在某些情况下，适合教育使用的良好的硬件和软件非常缺乏。第五，新媒体标准化的缺失，阻碍了新媒体在教育中的传播。这似乎是一个不断反复出现的问题。不同的视频录制标准、网络浏览器标准和软件语言标准等都会给新媒体的使用者带来烦恼。

那么，如何利用新媒体来帮助教育者实现他们想要达成的目的呢？第一个策略是让研究与开发齐头并进。在采用新媒体的早期阶段，良好的教育研究可以获得有用的见解，了解哪些方法可行，哪些方法不可行（参考文献中提供了几个很好的例子）。第二个策略是严格选择那些真正符合教育需求的新媒体。在教授技术时会教授批判性消费，这就是在实践中展示批判性消费观的好时机。我们不想在没有批判性地审视它可能的优点和危险前，就盲目接受出现在面前的任何新玩意儿。在许多情况下，传统媒体更能满足教育者的需要，此时就不应鼓励在非必要情况下使用新媒体。第三，教育者必须意识到，当新媒体取代传统媒体时会失去哪些技能。在纸上绘制技术图纸所需的技能与使用CAD程序绘制所需的技能是不同的。也许我们希望学生使用CAD程序，但我们仍然承认被这种选择所排除的技能的价值，这种情况下要思考如何弥补这一点。也许为了让学生获得那些"失去"的技能，还需要设计额外的任务。第四，教师的（再）培训也是另一个重要的策略。这意味着在（未来）教师的培训和再培训计划中，对技术使用的批判性反思和掌握某些正确使用技术的技能都应是不可或缺的部分。只有这样，才能期望教师会重新设计他们的课程，让新媒体发挥应有的作用。第五，必须将新媒体的使用巧妙细致地融入整个教学过程，学生孤立地使用任何主题内容的光盘是很难指望有成效的。要确保新媒体发挥应有的作用，就必须有一个全面的视角。

10.3 教育研究的支持

第7章讨论了一些教育成果,说明青少年对技术的看法往往比较狭隘。显然有一些教育调查研究可作为这类信息的参考来源,但同时也必须承认,对技术教学的研究支持仍然相当薄弱。将技术教学的情况与科学教学的情况作比较,我们就会发现这一点。在这方面,科学教育研究的传统要丰富得多,科学教育工作者可以从中汲取经验,开发出旨在正确概念化的教学计划。对于许多科学领域,如力学、光学和电学,我们相当了解直观概念在学生头脑中的形成方式以及这些概念如何受到教育的影响。但技术领域的情况并非如此,即使是"系统"这样的基本概念,我们也没有任何关于学生直觉概念的信息,这一点在第7章中已经提到过。技术哲学可用于制订教育研究的议题。技术的四个主要维度——人工物、知识、过程和意志,都为教育研究提供了一系列的研究问题。

- 小学生是如何看待技术**人工物**(artifacts)的?他们能认识技术人工物的物理特性吗?他们能认识技术人工物的功能性质吗?
- 小学生是否意识到技术**知识**(knowledge)具有内在的规范性?他们是否意识到技术知识具有视觉成分?他们是否意识到技术知识分为"认知"(knowing-that)和"使用"(knowing-how)两种类型?
- 小学生是否清楚设计**过程**(process)的基本要素?他们知道人工物的制作过程吗?他们是否意识到,在使用技术产品的同时还可以对这些产品进行批判性评价?
- 小学生是否意识到技术的**人文**(human)方面和**社会**(social)方面?他们是否认识技术可能带来的积极影响和消极影响?他们是否意识到技术的非中性特征,或他们对技术持工具性观点?

每个维度的问题清单都很容易进行扩展。

制订支持技术教学的教育研究议题的另一种方法,是关注专家对技术的认知与学习者对技术的认知两者之间的差异。第2章、第3章、第4章、第5章和第6章分别阐述了专家对技术的理解,第7章讨论了学习者的技术概念,第8章和第9章讨论了如何影响学习者的技术概念,使其更加符合专家的观点。基于这种方法的技术教学教育研究议题如下:

- 哲学家、工程师、科学家和其他专家认为技术是什么？这可以看作技术教育的目的和目标。青少年和成人（包括教师）认为技术是什么？这些可以称之为技术教育的初始状态；
- 如何设置教育情境以影响学习者的技术概念，使其更接近专家的观点？这就是所谓的教育策略和情境设置。媒体的应用也可视为这部分研究议题的一个要素。

尽管研究者已经开展了一些很好的研究工作，并在期刊上发表了研究成果，但技术教育仍有很长的路要走。希望本书能为各级教育中技术教学的进一步发展作贡献。技术是我们当代社会的一个重要构成元素。因此，致力于让公众（无论是否从事技术相关的工作）正确地理解技术的性质是非常有价值的。同时，考虑到技术哲学中正在发展和已经形成的想法，这无疑是一笔有价值的投入。除此之外，技术哲学是一个全新的、充满挑战的领域，其本身的研究内容也很有趣，不只与技术教学相关。

第 11 章 问题和任务

本章为前面的每一章节都提供了一些问题和任务。这些问题旨在帮助读者回顾该章节的主要思想。通过整理问题的答案,读者能够形成对该章节内容的全面概览。任务(以章节为单位)的目的则是激励读者将本章的主要思想应用于新情境,探索这些思想如何应用到教育实践中。

11.1 第1章

11.1.1 问题

(1) 哲学的两个主要功能是什么?
(2) 哲学主要分为哪五个子领域?各子领域分别研究什么?
(3) 逻辑在哲学中的作用是什么?
(4) 技术哲学有哪两种不同类型的流派?它们之间的区别是什么?
(5) 将技术概念化的方式有哪四种?
(6) 教授技术的人为什么要了解技术哲学的基础知识?

11.1.2 任务

试着寻找一段介绍**纳米技术**(nanotechnology)这一新兴领域的视频或DVD,特别是那些明确关注以下几个方面的视频或DVD:

- 在纳米尺度上观察和操作物体所面临的挑战；
- 工业应用途径尚不明确的最新实验室研究成果；
- 纳米技术在医学和生物技术领域的应用；
- 纳米技术的跨学科特性。

一个包含以上所有方面的视频或DVD的例子是"纳米技术"，该视频是为欧洲委员会制作的(当时可免费获取，或许现在也可以)。观看此视频或DVD,可尝试从以下方面找出与这一新兴领域相关的问题：

- 本体论(纳米制品的本质是什么？)；
- 认识论(纳米技术涉及哪些不同类型的知识？)；
- 方法论(在这个特定领域中，研究和开发之间的关系是什么？)；
- 形而上学和目的论(纳米技术领域的权威人士所承诺的福祉是什么？)；
- 伦理学(在这个新技术领域存在哪些伦理问题？)。

回答了上述问题后，请你设计一个课堂活动。在这个活动中，你可以使用同一段视频，让学生认识到这种新技术引人入胜的原因，即它关联着各种(哲学)问题。请注意，在教学过程中，引导学生提出恰当的问题往往比提供正确的答案更为重要！

11.2 第2章

11.2.1 问题

(1) 物体可以分为哪四种类型？这些类型之间有什么区别？

(2) 可以给"功能"这一概念赋予什么意义？

(3) 常规功能和意外功能的区别是什么？

(4) 什么是设计计划？什么是用户计划？

(5) 什么是集体意向性？它如何与人工物的功能相关联？

(6) 技术人工物的"双重性质"是什么？

(7) 在生物学领域和技术领域中，对功能的概念化有何不同？

(8) 什么是限定功能？什么是基础功能？"主体功能"和"客体功能"是什么意思？如何使用这些类型的功能来了解人工物的性质？

(9) 如何从系统的角度对人工物进行概念化？

11.2.2 任务

试着寻找一本描述**复印机**(photocopiers)历史的书籍。阅读该书，并试着确定杜伊维尔所定义的15个方面中的每一个（或大多数），是如何给复印机的发展带来特定问题和挑战的。例如，你可以思考以下问题：

- 复印机必须制作多份复印件（数值方面）。在复印机的发展过程中，在更短的时间内制作更多的复印件无疑是一个重要的问题。
- 复印机需要占用办公室的空间（空间方面）。毫无疑问，追求更小尺寸的复印机也是一个问题。
- 与以前的相比，现在的复印机运动部件变少了（运动学方面），为什么？
- 复印机由人来操作（生物方面），因此，机器在复印时产生的排放物应是设计师需要关注的一个问题。
- 复印机产生的信号可以被人们看到、听到和闻到（心理学方面）。这些信号的强度控制在什么范围内比较合适？这是设计师面临的另一个难题。
- 复印机的发展是一个循序渐进的过程，这个过程在发展逻辑上是顺理成章的，即由一种类型的复印机发展成为另一种类型的复印机（发展方面）。那么，我们可以追溯到哪条发展脉络呢？
- 复印机的存在是为了能够方便人们共享纸质信息（社会方面）。这一社会功能是如何被考虑进去的？
- 复印机本身及其复印件都需要成本投入（经济方面）。是否存在一种使复印机和复印件更便宜的竞争？
- 对看起来美观且能够吸引人们阅读的复印件的需要（美学方面），无疑也在复印机的发展过程中起到了一定的作用。那么，它具体起到了什么作用呢？
- 像往常一样，专利问题在技术产品的发展过程中至关重要。那么，在复印机的发展历程中,有哪些重要的专利呢?

▶ 版权问题是复印机发展过程中一个不可忽视的伦理问题。人们如何处理这一问题?它是否在某些情况下被忽视了?

▷ 工程师对复印机性能的信任程度多大程度上推动了工程师们继续研究这种机器?

回答了上述问题后,请你设计一个课堂活动。在这个活动中,你可以借助复印机的例子,帮助学生认识到现实生活中设计问题的复杂性。

11.3 第3章

11.3.1 问题

(1) 什么是技术的"标准"定义?从技术知识的角度出发,可以对技术的标准定义作出哪些批判?

(2) 沃尔特·文森蒂指出了哪些类型的技术知识?

(3) 哪些类型的知识可以从技术人工物的双重性质中得到?

(4) 工程科学具有哪些特点?它与其他类型的科学有何不同?

(5) 科学哲学的主要方法是什么?它们如何描述科学知识的生成?

(6) (工程)科学中使用了哪些类型的模型?

(7) 工程科学中使用了哪些类型的类比?

(8) 可以区分出哪些层次的跨学科性?

11.3.2 任务

选取一本你即将在不久的将来要教授的教科书,选择其中的一个章节、模块、主题或课程单元。分析将在本单元中教授的不同类型的知识:哪些是命题性知识(知道是什么)?哪些是程序性知识(知道怎么做)?哪些是视觉表达类的知识?同时,在你将要教授的各类知识中,找出清晰的规范性元素。对于清单上的每一个问题,首先要列出你打算采用的教学方法。然后,仔细检查每种教学方法是否与其对应的知识类型一致。例如,仅仅通过聆听别人描述一项活动,并不能很好地了解"知道如何做"这类知识。那么,有没有更好的教学方法呢? 同时,也要关注你的方法是否能妥善处理规范性元素这一问题;是否清楚地表明我们面对的不是一成不变的数据,而是由各种决策产生的规范? 这一点在你的教学中又是如何体现的?

11.4 第4章

11.4.1 问题

(1) 技术过程中的三个主要阶段是什么?
(2) 设计方法论的发展分为哪四个阶段?
(3) 什么是全面质量管理? 有哪些全面质量管理的方法?
(4) 从科学因素、技术因素和社会因素对技术发展影响的角度出发,技术分为哪些类型?
(5) 设计计划和用户计划包含的主要要素分别有哪些?
(6) 手工生产、机器生产和自动化生产之间有什么区别?

11.4.2 任务

在互联网上收集如何开发镜片(用于眼镜、显微镜和望远镜)、蒸汽机和集成电路的信息。针对每个产品收集信息,了解科学、技术、市场、政治和法律方面分别起了什么作用。根据这些信息,将这些技术描述为基于经验的技术、宏观技术、微观技术中的一种。现在设计一个课堂活动,主要目的是让学习者意识到技术在发展过程中可能是非常不同的,因此有必要对技术进行分类(就像上面提到的三种技术类型),以便能很好地理解各种技术的性质。

11.5 第5章

11.5.1 问题

(1) 人的需要可以分为哪几个层次？

(2) 如何理解人工物是人类躯体的延伸？

(3) 人类、技术和生活世界之间的关系可以分为哪几种类型？

(4) 什么是伯格曼的装置范式？

(5) 人工智能和互联网作为削弱生活世界体验的技术，存在哪些缺陷？

(6) 控制论提出了哪些问题？

(7) 安德鲁·芬伯格和兰登·温纳等哲学家对于政治影响技术发展的可能性有什么预期？

(8) 社会建构论者如何看待技术？

(9) 后现代主义者如何看待技术？

(10) 有哪些方法可以培养抵抗被技术掌控的生活方式？

(11) 在当代技术哲学家的所有类别中，哪些是公认的哲学主流？

11.5.2 任务

让我们对一种很可能每天都在使用的设备——移动电话（手机）——进行哲学上的分析。利用互联网，收集关于手机如何进入社会以及对人们产生影响的信息。现在反观自己，你在多大程度上同意各方哲学家对该设备的看法：

- 卡普将手机视为人类躯体的延伸；
- 海德格尔会说，这种设备支持以简化的方式体验现实，就好像它只是一种资源；
- 埃吕尔则会强调手机在技术系统特性中所扮演的角色，这使我们感到被技术所支配；
- 伯格曼会表明，手机使我们脱离与现实的关联；
- 芬伯格和温纳会指出，手机的出现本应是工程师和政治家均衡影响的结果，但很可能并非如此；
- 社会建构论者声称,手机只是一个社会过程的结果,技术方面并不能决定结果；
- 后现代主义者将欢迎手机,认为手机是摒弃"永恒真理"和固定边界观念的另一种手段。

现在设计一个课堂活动,激发学习者反思手机是如何影响我们的生活和生活世界的。尽量在活动中设计一些实践项目,避免把它变成纯粹的理论研究活动。

11.6 第6章

11.6.1 问题

（1）在技术领域,哪些著名的案例体现了道德困境？
（2）逻辑在伦理学中具有怎样的功能？
（3）什么是演绎法、肯定前件式、否定后件式、归纳法以及自然主义谬误？
（4）处理道德议题的三种主要方法是什么？在工程伦理学中如何辨别这三种方法？
（5）道德难题在哪些方面可以被视为设计问题？
（6）面对风险时,我们遇到了哪些困难？
（7）技术领域的集体责任带来了哪些难题？
（8）建筑的美学价值可以通过哪些方式来表达？

11.6.2 任务

阅读1984年印度博帕尔联合碳化物（Union Carbide）工厂事故的新闻报道,因为这一事件已成为工程伦理学课程中的经典案例。正如第6章中的那些案例一样,可以通过互联网搜索相关信息,然后尝试作如下分析：
- 该事故涉及哪些利益相关者？各方的利益是什么？
- 这个特定的实例中的道德困境是什么？面临该道德困境的是谁？
- 参照第6章所展示的那样,通过列出所有的前提和结论来分析道德困境,同时仔细区分事实与规范。
- 那些个体或团体是如何处理这一困境的(他们做出了什么决定,基于何种理由)?
- 评估那个决定:你认为它是否基于合理的推理?

现在设计一个课堂活动,以帮助学习者掌握分析道德困境的技能。博帕尔的案例对于更高层次的教育可能是合适的,对于较低层次的教育,要找到一个更简单的案例(尝试考虑与日常生活紧密相关的情境)。

11.7 第7章

11.7.1 问题

(1) 学生的技术认知有哪些特点?

(2) 学生的技术态度有哪些特点?

(3) 公众的技术认知有哪些特点?

(4) 可以从哪些方面学习技术,从而实现技术的心理概念重建?

11.7.2 任务

选择一定数量的群体,包括青少年和成年人,对他们进行**访谈**(interviews),了解他们的技术概念和技术态度。访谈前,你要仔细想好访谈问题,访谈过程中要确保充分理解受访者所说的技术是什么意思,以便了解他们的技术态度。对于年龄较小的受访者,可以让他们用绘画的方式来探索他们的技术概念以及对技术相关人物的理解。最后将访谈结果与第7章给出的信息进行比较。如果你的访谈结果与第7章中描写的内容有很大差异,那么这些差异是否可以用受访者的背景因素来加以解释?

11.8 第8章

11.8.1 问题

(1) 美国、英格兰、威尔士以及新西兰的技术教学课程有哪些差异和共同点?
(2) STEM 教育的含义是什么? 它在技术教学中能发挥什么作用?
(3) 历史案例研究在技术教学中能发挥什么作用?
(4) 叙事在技术教学中能发挥什么作用?
(5) 当代案例研究在技术教学中能发挥什么作用?
(6) 什么是概念映射,如何将其应用于技术教学?

11.8.2 任务

选择一份国家层面的课程或标准文件(例如美国《技术素养标准》或新西兰《技术教育课程》),并调查该文件是如何从不同维度(作为人工物、作为知识、作为过程和作为意志)体现技术概念化的。文件中各领域间是否平衡? 是否某些领域过多体现,某些领域过少体现? 这样做是否有合理的理由? 与技术哲学所展示的技术图景相比,课程整体上是否呈现了一个良好的技术图景?

11.9 第9章

11.9.1 问题

(1) 技术和工程的基本概念是什么?
(2) 学习概念的主要问题是什么?
(3) "语境—概念法"是如何帮助或至少声称能帮助学生理解同一概念在不同情境下的含义的?

11.9.2 任务

选择至少三个不同的国家(包括你自己的国家),了解在这些国家颁布的正式技术教学课程文件中,中学阶段"**系统**"(systems)这一概念的应用情况。大多数情况下,你可以在互联网上找到课程的完整描述。比较这一概念在应用上的差异:它是课程中一个孤立的主题,还是作为课程组织者来统筹课程的各个部分?抑或是具有其他功能?

11.10 第10章

11.10.1 问题

(1) 持续学习技术的过程可以划分为哪四个阶段?
(2) 媒体在技术教学中能发挥什么作用?
(3) 技术教育研究对技术教学有何影响?

11.10.2 任务

试着描述在大多数人所经历的教育路径(小学、中学、大学)中是如何教授和学习**技术优化**(optimization in technology)概念的,同时特别关注通过创建连续学习线路来逐步进步的可能性。在描述中还应包括不同类型媒体的使用建议,即在学习线路的不同阶段,你会选择哪种类型的媒体及其对应的类型内容?

第 12 章 可供进一步阅读和思考的资源

参考书目注释

最后一章将简要介绍一些书籍和其他资源。选择这些书籍的主要原因是对于那些没有哲学专业背景，但又对技术哲学或一般哲学的基本思想感兴趣的读者来说，这些书籍是比较容易理解的。截至本书出版时，列举的所有参考书籍均已出版。

12.1 书籍

12.1.1 一般哲学（简介）

Hospers, J. (1996). An introduction to philosophical analysis (4th ed.). London: Prentice Hall. 282 pages. ISBN 0-13266305-8.

本书因其对哲学分析的清晰介绍而广受好评。它以在哲学层面非常严谨的方式处理了意义与定义、知识、真理、原因、决定论和自由、形而上学、宗教哲学与伦理等问题；但它的写作方式让非哲学家也能理解，尽管可能需要认真付出一些努力。

Morris, T. (1999). Philosophy for dummies. New York: Wiley Publishing, Inc. 362 pages. ISBN 0-7645-5153-1.

"For dummies"是威利(Wiley)出版社的系列丛书，为某一研究领域提供通俗易懂的指导。这套丛书的品种目前仍在不断增加,涉及各种主题和学科。

莫里斯深知人们可能会对哲学有负面的看法,他在书的开头就明确提到了这一点(书中的一些内容已在《技术教学》第1章中被引用)。全书共分为九个部分,每个部分有三章(除最后一部分只有两章外)。第一部分介绍了哲学作为一种专业活动的实用性,同时也探讨了它是一种人人都可参与的活动。第二部分事关信仰和知识(认识论),第三部分论及伦理学("何为善?"),第四部分讨论了人的自由问题,第五部分论述哲学人类学(诸如什么是人、身体和心灵的关系等问题),第六部分以死亡为切入点来讨论目的论问题。对世界观和宗教的哲学思考是第七部分的主题,而第八部分则将读者带入目的论的核心——对生命意义的思考。第九部分讨论了一些著名哲学家及其思想。整本书从头到尾都配有起说明性作用的引文和故事,全书显得非常轻松。不过,这并不影响本书对哲学问题介绍的质量。

Ryle, G. (1984). The concept of mind. Chicago: University of Chicago Press, (reprint). 348 pages. ISBN 0-22673295-9.

这本哲学著作虽未专门论述技术,但对于那些想进一步了解"知道是什么"与"知道怎么做"两者区别的人来说,是非常值得一读的。后者是技术知识的重要组成部分,因此这本书对技术哲学具有重要意义(在该领域经常被引用)。阅读这本书确实需要具备一定的哲学素养。

Scruton, R. (1996). Modern philosophy. An introduction and survey. New York: Penguin Books. 612 pages. ISBN 0-14-024907-9.

本书很好地介绍了当代(分析)哲学的所有主题。书中涉及哲学的所有子领域:形而上学、认识论、伦理学、美学、科学哲学和心灵哲学。斯克鲁顿(Scruton)以一种非哲学家也能理解的方式,带领读者了解所有这些领域,以便对现代哲学有一个基本理解。斯克鲁顿不是系统地论述各个子领域,而是以讲故事的方式带领读者从一个问题到另一个问题,循序渐进地涵盖所有问题。在书中,读者可以了解所有著名的当代(分析)哲学家的名字及其思想。

12.1.2 技术哲学

Baird, D. (2004). Thing knowledge. Chicago: Chicago University Press. 295 pages. ISBN 0-520-23249-6.

贝尔德对技术认识论的贡献在于,他提醒人们注意一个事实:技术是关于事物的,不像科学那样是关于现象的。他认为,在技术哲学中,事物的"物性特征"常常被忽视,人们关注更多的是技术的非物质方面,即关注思想而非事物。特殊的一点是,贝尔德经常使用"工具化思想"(instrumentation)这个话题来阐述他的观点。

Barbour, I. G. (1993). Ethics in an age of technology. San Francisco: Harper & Row. 312 pages. ISBN 0-06060934-6.

本书包含了一系列讲座,对技术中的各种伦理问题进行了系统地梳理。

Borgmann, A. (1984). Technology and the character of contemporary life: A philosophical inquiry. Chicago: University of Chicago Press. 302 pages. ISBN 0-226-06628-2.

Borgmann, A. (1992). Crossing the postmodern divide. London: University of Chicago Press. 173 pages. ISBN 0-226066-27-4.

Higgs, E., Light, A., & Strong, D. (2000). Technology and the good life?. Chicago: University of Chicago Press. 392 pages. ISBN 0-226-33386-8.

伯格曼,著名的技术哲学家之一,他最为人所知的是他的"设备范式"(device paradigm)。在这一范式中,他表达了这样一种观点,即设备被置于我们与我们生活的世界之间,使得我们对生活世界的直接体验并不那么丰富。他提出了"焦点活动"(focal activities)的概念,这些活动能让我们与生活世界产生丰富的体验(比如慢跑)。伯格曼还勾勒了各种当代技术(如建筑和互联网)的后现代特征。希格斯、莱特、斯特朗共著的这本书包含了其他哲学家对伯格曼观点的回应。

Bucciarelli, L. L. (1994). Designing engineers. Cambridge: MIT Press. 220 pages. ISBN 0-

262-02377-6.

在这本书中，布西阿勒里（Bucciarelli）提供了大量翔实的案例研究，通过这些案例，他展示了设计过程不仅仅是技术方面的问题，也是社会互动的问题。他以机场 X 射线检查系统、照相打印设备和住宅能源系统为例，说明了工程设计是一个由社会定义的过程。通过这些案例研究，他向读者展示了工程设计等商业和管理问题是如何影响技术的概念化和生成的。

Dasgupta, S. (1996). Technology and creativity. Oxford: Oxford University Press,. 233 pages. ISBN 0-19-509688-6.

在本书中，达斯古普塔（Dasgupta）概述了有关技术发展的多元哲学观点，特别是创造力和知识在技术发展中的作用。

Dipert, R. R. (1993). Artifacts, art works and agency. Philadelphia: Temple University Press. 288 pages. ISBN 0-87722-990-2.

本书首次从哲学视角分析了技术人工物的含义，指出它们不同于其他类型的人工物，也不同于自然物体。

Dreyfus, H. L. (1992). What computers still can't do. A critique of artificial reason. Cambridge: MIT Press. 354 pages. ISBN 0-262-54067-3.

Dreyfus, H. L. (2001). On the Internet. London/New York: Routledge. 127 pages. ISBN 0-415-22807-7.

这两本书批评了许多人对人工智能和互联网的过高期望。德雷福斯强调，人类具有一些基本特征，而这些特征是技术无法取代的。

Dusek, V. (2009). Philosophy of technology: An introduction. Chichester: Wiley. 256 pages. ISBN 978-1-4051-1163-8.

对于那些对欧陆技术哲学（Continental philosophy of technology）特别感兴趣的人来

说,这是一本入门书。书中讨论了技术和人类、技术和社会相关的大多数问题。此外,它还讨论了女性主义技术观和非西方技术等具体问题。

Ellul, E.(1990). The technological bluff. (G. W. Bromiley, Trans.). Grand Rapids: Eerdmans. 418 pages. ISBN 0-8028-3678-X.

这是一本法语原版书的英文译本。埃吕尔对技术持非常悲观的看法。他认为,技术已经成为一个几乎完全自主的系统,而人类只能尽量充分利用它。尽管现在已经很少有人完全赞同埃吕尔对技术的黑暗描绘,但对于那些对反乌托邦式的技术观点感兴趣的人来说,他的观点仍然值得一读。毕竟,埃吕尔的观点至今仍经常被作为技术哲学的"经典"引用。

Feenberg, A.(1995). Alternative modernity: The technical turn in philosophy and social theory. London: University of California Press. 251 pages. ISBN 0-520-08986-3.

Feenberg, A.(1999). Questioning technology. London: Routledge. 243 pages. ISBN 0-415-19755-4.

Feenberg, A.(2002). Transforming technology: A critical theory revisited. Oxford: Oxford University Press. 232 pages. ISBN 978-0-1951-4615-8.

芬伯格是当代经常被引用的一位技术哲学家,他的书对于非哲学家来说也很容易理解。和温纳(Winner)一样,芬伯格也提出了这样一个观点:技术发展不是独立自主的,而是可以被公众舆论改变的。他描述的例子是法国的公共信息网终端系统(French Minitel system),该系统的功能在公众使用的影响下发生了巨大的变化。

Ferguson, E. S.(1992). Engineering and the mind's eye. Cambridge, MA: MIT Press. 242 pages. ISBN 0-262-06147-3.

弗格森通过指出工程师知识的一个特殊特征——可视化成分,为技术哲学作出了贡献。工程师的部分知识只能通过图片、草图、图纸等来充分体现。弗格森在此书的最后批评了工程师教育,说它们过于注重书面内容,忽略了这种不可或缺的可视化内容。在这本书中，弗格森详尽地介绍了工程师在设计和交流设计时可以使用的各种可视化工具。

Ferré, F. (1988). Philosophy of technology. Englewood Cliffs: Prentice Hall. 148 pages. ISBN 0-13-662586-X.

费雷(Ferré)的这本书是一本技术哲学导论，包括分析部分与批判部分。作者将认识论(对知识的反思)、价值论(对价值的反思)、形而上学(对现实的反思)和方法论(对过程的反思)作为技术哲学的主要领域。

Harris, C. E., Pritchard, M. S., & Rabins, M. J. (2000). Engineering ethics. Concepts and cases. Belmont, CA: Wadsworth. 377 pages. ISBN 0-534-53397-3.

尽管这本书主要面向工程专业学生，但对于技术教育工作者来说也是一本很好的读本。作者提出了一种工程伦理学的标准方法，本书与其他同类题材的书籍相比，具有一定的代表性。这些书籍涉及的问题包括：道德困境中的推理、各种伦理方法(功利、道义、美德)、责任、诚信、可靠性、风险、安全、环境问题和职业道德规范。本书附带了一张光盘，内含大量案例研究，这些案例有助于在实际情境中探讨上述概念。

Hickman, L. (2001). Philosophical tools for technological culture. Bloomington/Indianapolis: Indiana University Press. 201 pages. ISBN 0-253-33869-7.

本书从约翰·杜威的实用主义方法中汲取灵感，提出了一种技术哲学。书中收录了多篇独立的文章。根据杜威的哲学思想，希克曼从创造性解决问题的过程这一视角对技术进行了概念化。一个可能的批判点是，他对技术的定义过于宽泛，以至于所有解决问题的活动都可以称为"技术"。

Ihde, D. (1979). Technics and praxis. Dordrecht: Reidel. 151 pages. ISBN 90-277-0953-X.

Ihde, D. (1990). Technology and the lifeworld: From garden to earth. Bloomington: Indiana University Press. 226 pages. ISBN 0-25332900-0.

伊德在这两本书中都指出，技术的特点之一是它在我们与我们生活的世界之间起到中介作用,因其经常塑造我们体验事物的方式。伊德是一个现象学家,他经常使用海德格尔的思想来描述技术影响我们生活的方式。有时,在我们观察世界时,技术几乎成为我们自身的一部分(如隐形眼镜);有时,技术又成为我们生活世界的一部分,我们自身之外的事物。

Kaplan, D. M. (Ed.). (2009). Readings in the philosophy of technology (2nd ed.). Lanham, MD: Rowman & Littlefield. 602 pages. ISBN 978-0-7425-6401-5.

这是一本内容相当广泛的文集,收录了来自最重要的"古典"技术哲学家和当代技术哲学家的33篇现有文章。本书由哲学视角、技术与伦理、技术与政治、技术与人性、技术与自然五个部分组成。

Kroes, P., & Meijers, A. (Eds.). (2000). The empirical turn in the philosophy of technology. Oxford: Elsevier Science. 258 pages. ISBN 0-7623-0755-2.

本书收录了一系列文章,展示了技术哲学如何通过实证研究来获得启发。这并不意味着将哲学变成一种实证科学,就像技术哲学的"社会学"转向那样,哲学的特性几乎完全隐藏在社会学特性的背后。在克罗斯(Kroes)和梅杰斯(Meijers)的书中,哲学仍然是哲学,但书中的哲学思考却受到了实证研究的启发。这些实证研究有的是哲学家自己完成的,有的则是其他人(历史学家、社会学家以及其他)完成的。这些研究涉及人工物的本体论、技术知识的本质(认识论)和工程伦理方面。

Meijers, A. (Ed.). (2009). Philosophy of technology and engineering sciences. Amsterdam: North Holland. 1472 pages. ISBN 978-0-444-51667-1.

这是目前内容最丰富的技术哲学手册。它由六个部分组成:①技术、工程和科学;②人工物的本体论和认识论;③工程设计哲学;④工程科学中的建模;⑤技术和工程中的规范与价值;⑥工程学科中的哲学问题。这是迄今唯一一本明确关注工程科学哲学的手册。这本手册在一定程度上偏重分析技术哲学,而其他这类综合性手册大多数都偏重欧陆技术哲学,它恰好填补了这一空白。

Mitcham, C. (1994). Thinking through technology. Chicago: University of Chicago Press. 398 pages. ISBN 0-226-53198-8.

米切姆的这本书几乎可以说是技术哲学的"经典"之作，既介绍了技术哲学的主要课题，又阐述了技术哲学的历史发展。这本书是确定"技术教学"结构的重要范本。本书的第一部分主要是从历史的角度介绍了两种类型的技术哲学，一种是大陆哲学（或称文化哲学），米切姆称之为"人文技术哲学"；另一种是分析性更强的技术哲学，米切姆称之为"工程技术哲学"。本书的第二部分系统性地介绍了四种技术概念化的主要方式：作为物体、作为行动、作为知识和作为意志。针对这四种方式中的每一种，米切姆都介绍了欧陆学派和分析学派哲学家们所提出的主要观点。在"行动"一章中，有很大一部分是专门讨论设计的，米切姆在此借鉴了以前的调查，对设计方法论的发展做了一个很好的概述，如德·弗里斯在 NATO ASI 系列中编撰的调查。

Mumford, L. (1963). Technics and civilization. San Diego: Harcourt Brace Jovanovich. 495 pages. ISBN 0-15-688254-X.

Lewis Mumford, The myth of the machine. San Diego: Harcourt Brace Jovanovich, 1967 – 1970 (2 volumes). 342 + 496 pages. ISBN 0-15-662341-2 and ISBN 0-15-163974-4.

芒福德（Mumford）的著作是技术哲学的"经典"读物。此处列举的只是他所有著作中的两本，而这两本书给人们留下了"芒福德的著作很好"的印象，且这两本书在将技术发展与社会和文化背景相结合这方面做得非常出色。

Noble, D. (1999). The religion of technology: The divinity of man and the spirit of invention. New York: Penguin Books. 273 pages. ISBN 0-14027916-4.

诺布尔（Noble）在本书中指出，随着时间的推移，人们对技术的期望在一定意义上具有宗教色彩。人们期望技术带来拯救和救赎，恢复造物最初的完美。因此，对技术的批判态度可能会因为这种对技术的"信仰"而受到压制。这正是诺布尔想要警示的。

Olson, J. K. B., Pedersen, S. A., & Hendricks, V. F. (Eds.). (2009). A companion to the Philosophy of Technology. Chichester: Wiley. 588 pages. ISBN 978-1-4051-4601-2.

这是一本文章合集,涵盖了当代技术哲学的大部分重要问题。它包括七个部分:①技术史;②技术与科学;③技术与哲学;④技术与环境;⑤技术与政治;⑥技术与伦理;⑦技术与未来。本书哲学范畴广泛,涵盖了分析哲学和欧陆哲学的研究。本书收集的文章超过98篇,《技术教学》中提到的大多数作者都有文章被收录其中。

Olsen, J. K. B., Selinger, E., & Riis, S.(Eds.).(2008) New waves in philosophy of technology. London: Palgrave McMillan. 384 pages. ISBN 978-0-2302-2000-3.

这是一本关于技术哲学各种问题的新论文集。该论文集倾向于欧陆哲学,所以没有收录分析性技术哲学家的文章。该论文集分为四个部分:哲学与技术的历史、技术,认识论和形而上学问题、技术,伦理和政治问题,技术比较哲学。

Pitt, J.(2000). Thinking about technology. London: Seven Bridges Press. 146 pages. ISBN 1-889119-12-1.

在本书中,皮特对与技术相关的哲学问题进行了梳理。他特别讨论了科学与技术之间的区别。他首先从实践推理和理性的角度来看待技术,然后探讨了是什么使工程知识与科学知识有所不同。接下来,他比较了科学解释和技术解释。本书的部分篇幅还专门讨论了意识形态、价值、民主、技术自主与技术控制等问题。最后,皮特描述了科学的技术基础设施。

Van de Poel, I., & Royakkers, L.(2011). Ethics, technology and engineering: An introduction. Chichester: Wiley. 376 pages. ISBN 978-1-44443-3095-3.

本书最初是以荷兰语出版的,是工程伦理学的入门读物,非常适合作为教科书来使用。书中论述了工程师的责任、行为准则、规范伦理学、规范论证、伦理周期、设计中的伦理问题、设计道德、技术风险、责任分配和可持续性。需要指出,本书中的"论证"和"伦理周期"两个章节在工程伦理学文献中是独树一帜的。

Rapp, F. (1981). Analytical philosophy of technology. Dordrecht: Reidel. 199 pages. ISBN 90-277-1222-0.

正如书名所示,拉普希望提供一种分析的技术哲学,而非欧陆传统的技术哲学(尽管从地理位置上讲,他来自欧洲大陆)。拉普在本书中探讨的问题包括:技术的性质如何随着时间的推移而变化(从传统到现代);技术如何被视为物质世界的一项变革;技术如何成为一种人类活动,既有技术层面,又有社会经济层面。此外,作者还讨论了技术在社会作用中的自由与控制之间的张力。

Scharff, R. C. (Ed.). (2014). Philosophy of technology: The technological condition. An anthology (2nd ed.). Blackwell Publishers. 736 pages. ISBN 978-1-1185-4725-0.

这本书包含了一些技术哲学的"经典"文章,主要倾向于欧陆流派,没有几篇分析性的文章(尽管这种区别现在变模糊了)。本书的第一部分是历史,追溯到柏拉图和亚里士多德;第二部分是关于实证主义和后实证主义的科学哲学(该部分末尾有四篇关于技术的文章);第三部分名为"定义技术",实际上是关于社会建构主义技术观,第四部分是有关海德格尔及其追随者(如伊德和伯格曼)的观点;第五部分阐述的是作为工具制造者的人类,包含刘易斯·芒福德、雅克·埃吕尔和汉娜·阿伦特的文章,以及关于生态学的内容;第六部分是将生活世界、网络空间和知识作为副主题,包含德雷福斯、福柯(Foucault)、芬伯格和温纳等人的文章。对于那些想要阅读一些重要的欧陆技术哲学家的原始文章的人来说,本书是一个很好的起点。

Schuurman, E. (1997). Perspectives on technology and culture. Potchefstroom: Institute for Reformational Studies. 164 pages. ISBN 1-86822-194-6.

舒尔曼在本书中简明扼要地介绍了技术哲学。他讨论了传统技术与现代技术之间的差异、自由与控制之间的冲突、技术伦理和技术的主要基础动机(这里他借鉴了荷兰哲学家杜伊威尔的观点),并特别从基督教的视角对技术进行了阐述。

Shrader-Frechette, K., & Lara Westra, L. (Eds.). (1997). Technology and values. Lanham,

MD: Rowman & Littelfield Publishers, Inc. 472 pages. ISBN 0-8476-8631-0.

这是一本关于技术价值的文章合集。第一部分(3篇文章)介绍了道德和伦理问题,第二部分(7篇文章)介绍了对技术的不同看法(导致不同的价值产生),第三部分(5篇文章)重点介绍了评估技术价值的策略,最后以一组案例研究(9篇文章)结尾。

Simon, H. A. (1969). The sciences of the artificial. Cambridge, MA: MIT Press. 231 pages. ISBN 0-262-69191-4.

西蒙的书称得上是技术哲学的经典之作。阅读这本书必须要考虑当时的时代背景,即控制论流行的时代。不过,这本书仍包含了对今天依然有启发意义的反思。

Verkerk, M. J., Hoogland, J., van der Stoep, J., & de Vries, M. J. (2016). Philosophy of technology: An introduction for technology and business students. London: Routledge, 682 pages. ISBN 978-1-1389-0439-2.

这本教科书介绍了《技术教学》中所涉及的问题,还有一些案例研究和重要技术哲学家的作品。本书首先从分析部分开始,在该部分对技术、人工物、技术知识、设计和生产进行了概念化。然后,重点转向更多关于技术、人类、社会和文化之间关系的"欧陆"主题。

Whitbeck, C. (1998). Ethics in engineering practice and research. Cambridge: Cambridge University Press. 330 pages. ISBN 0-52147944-4.

惠特贝克的这本工程伦理学著作与同领域的其他大多数著作不同,它将道德问题视为设计问题的一种特殊情况。这与大多数作者提出的观点形成了鲜明对比,即工程伦理是在道德困境中选择最佳(或较少问题的)解决方案的问题。惠特贝克表明,为这类问题寻求新的、创造性的解决方案是可能的,而且通常也是更好的选择。虽然本书设定的读者对象是工程专业的学生,但非专业人士也完全可以读懂。

12.1.3 技术史与技术社会学（作为技术哲学灵感的经验源泉）

Basalla, G. (1988). The evolution of technology. Cambridge: Cambridge University Press. 248 pages. ISBN 0-521-29681-1.

巴萨拉（Basalla）将技术的发展描述为一个进化过程。新的设备不断出现，通过"适者生存"的选择过程，最好的设计得以保留下来。虽然巴萨拉用了许多例子来论证他的观点，但一些历史学家和哲学家认为，他对技术发展的认识并不完全适用于所有技术的发展。

Bijker, W. E. (1995). Of bicycles, bakelites and bulbs: Towards a theory of socio-technical change. London: MIT Press. 380 pages. ISBN 0-26202376-8.

Bijker, W. E., & Law, J. (Eds.). (1992). Shaping technology, building society: Studies in socio-technical change. London: MIT Press. 341 pages. ISBN 0-262-02338-5.

比克尔是所谓"技术哲学的社会学转向"这一领域的领军人物之一。尽管他的研究确实反映了技术的本质，但过于强调社会行动者的作用，以至于它更倾向于社会学而非哲学范畴。比克尔与约翰·罗（John Law）等人一起，共同塑造了一个通常被称为SCOT（技术的社会建构）的流派。这些建构主义者声称，技术主要是由社会因素塑造的，而非技术因素。由于他们采用的是以案例研究为导向的研究方法，使得SCOT的出版物读起来就像一本小说。

Petroski, H. (1985). To engineer is human. The role of failure in successful design. London: McMillan. 247 pages. ISBN 0-333-40673-7.

Petroski, H. (1992). The evolution of useful things. New York: Knopf. 288 pages. ISBN 0-679-41226-3.

Petroski, H. (1994). Design paradigms: Case studies of error and judgment in engineering. New York: Cambridge University Press. 209 pages. ISBN 0-521-46649-0.

Petroski, H. (1996). Invention by design: How engineers get from thought to thing. London:

Harvard University Press. 242 pages. ISBN 0-67446367-6.

Petroski, H. (1997). Remaking the world: Adventures in engineering. New York: Knopf. 239 pages. ISBN 0-375-40041-9.

这份清单并不详尽,但它展示了亨利·彼得罗夫斯基(Henry Petroski)在发表各种技术发展案例研究方面的成功,其中大部分都是关于众所周知的日常生活发明。他的所有著作都指出了这些发展中的人性化的方面,以及技术人性化的一面可能会导致设计错误这一事实。对于那些仍然对技术抱有过于理想化看法的人来说,阅读这些书是很有益的。

Poole, R. (1997). Beyond engineering. How society shapes technology. Oxford: Oxford University Press. 359 pages. ISBN 0-19-512911-3.

这本书传递的主要信息是社会因素在新技术的发展中扮演着重要角色。普尔(Poole)以核能、汽车、灯泡、电网和个人电脑等为例来说明这一点。这本书讲故事的风格使得它能被众多读者所接受。书中特别介绍了商业利益的作用、技术复杂性、决策制订、风险评估、技术控制和技术管理等议题。

Postman, N. (1992). The surrender of culture to technology. New York: Knopf. 222 pages. ISBN 0-394-58272-1.

这是一本具有批判性的书籍,它阐述了技术对我们文化产生的负面影响。波兹曼(Postman)特别讨论了电视令人质疑的作用。

Staudenmaier, J. M. (1985). Technology's storytellers: Reweaving the human fabric. London: MIT Press. 282 pages. ISBN 0-262-19237-3.

这本书是对《技术与文化》期刊上发表的技术史主题文章进行的一次综述。由于施陶登迈尔(Staudenmaier)对这些主题进行了大量思考,本书几乎可以算作一本哲学书。由于这本书的主要目的还是研究历史研究的成果,因此在此处将其归为"技术史"。施陶登迈尔确定的主题如飞利浦公司主要研究实验室的历史。

De Vries, M. J.(2005). 80 years of research at Philips. The history of the Philips Natuurkundig Laboratorium, 1914-1994. Amsterdam: Amsterdam University Press.(326 pages, ISBN 9789085550518).

本书介绍了飞利浦公司主要研究实验室的历史。飞利浦公司是一家跨国电子公司，生产各种电子产品，如视频和音频设备、医疗成像设备以及各种家用电器。本书展示了其母公司工业研究实验室的三种不同运营方式。1914年—1947年，研究实验室是公司实现其扩大产品组合雄心的主要机构。1947年—1972年，实验室以一种更加独立的方式运作（许多人对这种实验室的"象牙塔"看法在这个时期或多或少是正确的）。这一时期，实验室采用线性模式开发全新产品（首先是基础研究，然后是开发导向的研究，最后是开发和实施）。1972年—1994年，实验室则转为向产品部门提供所需的特定知识。这三个时期也反映了科学与技术之间三种不同的互动模式，因此也成为对科学与技术进行哲学思考的灵感来源。

Vincenti, W. G.(1990). What engineers know and how they know it. Baltimore: Johns Hopkins Press. 326 pages. ISBN 0-8018-4588-2.

这本书是一个很好的例子，说明了了解历史故事如何能够引发对技术及其相关知识的哲学思考。本书收集了之前发表在技术史学会期刊《技术与文化》上的系列论文。每篇论文都描述了一个航空设计的实例，均侧重于航空工程师在飞机设计工作中的某一特定方面。文森蒂从这些案例研究中得出结论，工程知识至少可以分为基本设计概念、标准和规范、理论工具、定量数据、实际考虑和设计工具几种类型。他还研究了工程师获得这些知识的机制，并得出结论——科学知识的转移在其中只扮演微不足道的角色（工程师知识的其他来源包括发明、理论和实验工程研究、设计实践、生产和直接试验）。该书是第一本基于经验信息来对技术知识进行分类的著作。

Winner, L.(1977). Autonomous technology: Technics-out-of-control as a theme in political thought. London: MIT Press. 386 pages. ISBN 0262-73049-9.

Winner, L.(1986). The whale and the reactor: A search for limits in an age of high technology.

London: University of Chicago Press. 200 pages, ISBN 0-226-90210-2.

正如其他以社会学为导向的技术书籍一样,很难决定将上面两本书归类为"技术哲学"还是"技术社会学"。温纳非常关注技术的政治方面。他清楚地阐明了技术发展(反应堆)与保护环境("围墙屏障")之间的矛盾,以及政治家们在这方面所必须发挥的作用,而不是将这些决策权留给工程师。阅读温纳的著作并不需要有哲学背景。

12.1.4 设计方法论

Cross, N. (1984). Developments in design methodology. Chichester: Wiley. 357 pages. ISBN 0-471-10248-2.

Cross, N. (2000). Engineering design methods: Strategies for product design. Chichester: Wiley, 2000. 212 pages. ISBN 0-471-87250-4.

这两本书是一位顶尖的设计方法学家所著。其中一本概述了设计方法学作为一门旨在探索设计过程和方法的科学学科的总体发展,另一本则是关于设计方法的教科书。克罗斯在书中阐述了设计方法论思想如何从最初简单化倾向于设计规定,演变为一种更为复杂和平衡的设计工作方法。这两本书在设计方法论的理论和实践方面给人留下了很好的印象。

Roozenburg, N., &Eekels, J. (1995). Product design: Fundamentals and methods. Chichester: John Wiley & Sons. 408 pages.ISBN 0-47195465-9.

这是一本关于设计流程和设计方法的优秀入门读本。该书的内容基于在工业设计学术工程项目中的丰富教学经验。

Schön, D. (1983). The reflective practitioner: How professionals think in action. New York: Basic Books. 374 ISBN 0-465-06876-6.

这本书出了很多个版本,所以确切的书目信息(日期和出版商)也不尽相同。本书论述了设计师(和其他专业人员)在学习过程中如何反思自己的设计实践。它与"设计师应遵循标准、严格的方法为指导"这一观点形成了鲜明对比。

De Vries, M. J., Cross, C., & Grant, D.(Eds.).(1993). Design methodology and relationships with science. Dordrecht: Kluwer Academic Publishers. 327 pages. ISBN 0-7923-2191-X.

这本书是1992年举办的北约高级研究研讨会的成果集。该研讨会汇聚了来自哲学、历史和设计方法论的专家，探讨这些领域如何以互补的方式来研究设计过程。现在，本书选取了部分论文，供读者了解有关设计过程和方法的最新研究进展。

12.1.5 认知科学

Norman, D. A.(1998). The design of everyday things. London: MIT Press. 257 pages. ISBN 0-262-64-07-6.

Norman, D. A.(1992). Turn signals are the facial expressions of automobiles. Reading: Addison-Wesley, Inc. 205 pages. ISBN 0-201-58124-8.

Norman, D. A.(1993). Things that make us smart. Defending human attributes in the age of the machine. Reading: Addison-Wesley, Inc. 290 pages. ISBN 0-201-58129-9.

诺曼在书中列举了大量日常生活中的例子，说明设计者是如何通过塑造人工物，使其包含正确使用人工物的信号来帮助用户或是通过缺失这种信号来误导用户。虽然诺曼的书不是哲学著作，但它具有哲学意义，因为它可以给人们如何看待人工物的哲学思考提供有效信息。

12.1.6 技术教育哲学

Pearson, G., & Young, A. T.(Eds.).(2002). Technically speaking. Why all Americans need to know more about technology. Washington, DC: National Academy Press. 156 pages. ISBN 0-309-08262-5.

这份报告是美国国家工程学院委员会关于技术素养概念研究的成果。该报告广泛使用了技术哲学领域的文献资料。同时，它强调了技术素养的重要性，认为这是所有公民智力和实践能力的重要组成部分。

International Technology Education Association.(2000). Standards for technological literacy.

Content for the study of technology.Reston: ITEA/Technology for All Americans Project. 248 pages. ISBN 1-88710102-0.

本书将技术素养具体化为20个标准,主要分为技术的性质、技术与社会、设计、技术世界的能力和设计世界(这个术语用于表示工程的主要领域:医疗技术、农业技术、能源与电力技术、信息与通信技术、运输技术、制造技术和建筑技术)五大类。该报告也大量引用了技术哲学方面的文献资料。

De Vries, M. J., & Tamir, A.(1997). Shaping concepts of technology: From philosophical perspectives to mental images. Dordrecht:Kluwer Academic Publishers. 201 pages. ISBN 0-7923-4647-5.

这是一本论文集。本书的第一部分由保罗·加德纳(Paul Gardner)、约瑟夫·阿加西(Joseph Agassi)、君特·罗波尔(Günther Ropohl)、克劳斯·亨尼格-汉森(Klaus Hennig-Hansen)和马克·德·弗里斯的哲学文章("观点")组成。第二部分是关于教育的文章(涉及书名中的"心理图像"部分),作者有阿里斯特·琼斯(Alister Jones)、卡罗尔·汤姆森(Carole Thomson)、罗恩·汉森(Ron Hansen)、安-玛丽·希尔(Ann-Marie Hill)、鲍勃·麦考密克(Bob McCormick)、斯科特·约翰逊(Scott Johnson)和阿兰·杜雷(Alain Durey)。这两部分结合在一起,能让读者清晰地看到技术哲学的思辨是如何对技术教育产生影响的。

12.2 期刊

12.2.1 国际技术与设计教育期刊(International Journal of Technology & Design Education)

这是一份技术教育领域的学术期刊,但它也定期刊登有关哲学文献的文章。此外,它还有关于技术哲学及其对哲学教学的影响的专刊。该期刊由克鲁维尔学术出版社(现为施普林格出版社)出版,有印刷版和电子版两种形式。

12.2.2 哲学与技术（Philosophy & Technology）

该期刊于 2011 年创刊，专注于技术哲学领域，由施普林格出版社出版，这使它在声望上比由协会出版的 Techne 略胜一筹，但在内容方面，两本期刊不相上下。

12.2.3 Techne

这是技术哲学学会（见下文）出版的一本电子期刊。该期刊对所有人开放阅读，但它所包含的文章层次各异，从入门级的介绍到非常深入的研究都有。不过，跟踪其发表的文章内容是值得的，因为它不仅刊登了许多有趣的文章，而且可免费阅读。

12.2.4 技术与文化（Technology & Culture）

虽然该期刊主要是关于技术史的，但其中也包含一些哲学元素的文章。例如，文森蒂的《工程师知道什么以及他们是如何知道的》(What Engineers Know and How They Know It)一书（见"技术史"下的书目）便是作为系列文章发表在该期刊上。

12.3 组织机构

12.3.1 技术哲学学会（Society for Philosophy of Technology）

这是一个国际性的学会，每隔一年举办一次会议，并出版电子期刊《*Techne*》（见上文）。会议地点在美国和欧洲之间轮流交替。会议上所提交的论文对于非哲学家而言，在可读性方面存在较大差异，但总体来说，即使没有太多哲学背景，也总能找到一些值得参加的会议环节。

12.3.2 技术史学会（Society for the History of Technology, SHOT）

该学会每两年组织一次会议，会上提交的论文对想要了解技术哲学的人来说通常是很有趣的。该学会还出版了《技术与文化》期刊（见上文）。

12.4 丛书

12.4.1 工程与技术哲学(Philosophy of Engineering and Technology)

这套丛书由彼得·埃尔马斯(Pieter E. Vermaas)编辑,施普林格出版社出版。目前本套丛书已有20多卷,其中一些侧重于关注哲学家(如埃吕尔、西蒙顿),另一些则重点关注问题(如社会公正、工程教育)。

图书在版编目(CIP)数据

技术教学导论：基于教育哲学的视角：第二版 /（荷）马克·德·弗里斯著；顾建军等译. -- 上海：上海科技教育出版社, 2025. 5. -- ISBN 978-7-5428-8393-3

Ⅰ. G712

中国国家版本馆CIP数据核字第2025AP0580号

责任编辑 汤敏燕 曹一 谢俊华
封面设计 杨静

技术教学导论——基于教育哲学的视角（第二版）
［荷］马克·德·弗里斯 著
顾建军 等 译

出版发行		上海科技教育出版社有限公司
		（上海市闵行区号景路159弄A座8楼 邮政编码201101）
网	**址**	www.sste.com www.ewen.co
经	**销**	各地新华书店
印	**刷**	上海新华印刷有限公司
开	**本**	787×1092 1/16
印	**张**	10.5
版	**次**	2025年5月第1版
印	**次**	2025年5月第1次印刷
书	**号**	ISBN 978-7-5428-8393-3/G·5035
图	**字**	09-2023-0381号
定	**价**	48.00元

First published in English under the title
Teaching about Technology:
An Introduction to the Philosophy of Technology for Non-philosophers
by Marc J. de Vries, edition: 2.
Copyright © Springer International Publishing Switzerland, 2016.
This edition has been translated and published under licence from
Springer Nature Switzerland AG.
Springer Nature Switzerland AG takes no responsibility and shall not be made liable for the accuracy of the translation.